Noch zwei Hemden, dann schreibe ich weiter...

Danksagung

Ich danke Nortrud Bunn, Antje Graf-Stöhr, Naemi Gromes, David Hermann, Oliver Heun, Martin F. Mehl und Christian Ortmüller für das Testlesen und für viele wichtige Anregungen und Ermutigungen, meiner Familie für die Zeit, die sie mir fürs Schreiben, Überarbeiten, Grübeln, Umwerfen, Besprechen, Neuschreiben gegönnt hat und meinen Schülerinnen und Schülern, die so manche Schreibaufgabe bearbeitet haben.

Noch zwei Hemden, dann schreibe ich weiter!

Lutz Hermann

Noch zwei Hemden, dann schreibe ich weiter...

Bookmundo Direct

Die Deutsche Nationalbibliothek verzeichnet diese Publikation in der Deutschen Nationalbibliografie.

Fotos: Lutz Hermann
Covergestaltung: Oliver Heun und Martin F. Mehl
Satz und Layout: David Hermann

ISBN: 9789403601991

Verlagsportal: Bookmundo Direct

Gedruckt in Deutschland

Inhalt

Für meine Eltern

Auf dass wir noch viel voneinander lernen.

Vorwort

Ein Bügelbuch für Autoren? Eher nicht. Ein Schreibratgeber für Büglerinnen und Bügler? Vielleicht. Lutz Hermanns Buch schafft viel mehr: Eine Alltagsaufgabe mit Imageproblem und eine vermeintlich in die Jahre gekommene Kunst helfen sich gegenseitig auf die Beine. Bewerben sich. Umwerben uns. Während der Lektüre überkam mich andauernd die lange vermisste Lust auf eine leere Seite mit blinkendem Strich – mein Inbegriff von Freiheit. Und beinahe hätte ich das Bügeleisen entstaubt, obwohl weder Familienfeiern noch Vorstellungsgespräche anstehen…

Lutz' Buch ist nicht noch ein weiterer Schreibratgeber eines Bestsellerautors. Eines Autors, welcher im Grunde irgendwie zurück in die Bedeutungslosigkeit müsste, damit wir ihm die Anwendbarkeit seiner Tipps auf unser gewöhnliches Dasein abnehmen könnten. Es ist das Buch von Lutz von nebenan. Sein Schreiben kommt dem Alltag so nah wie das Eisen der Wäsche. Es glättet vieles und verzweifelt doch an so mancher Falte. Ich bügle. Du bügeltest. Er würde gebügelt haben wollen. Wohl selten nur wurde die Routine dermaßen unterhaltsam durchkonjugiert.

Vor allem aber ist sein Schreiben durch und durch

offenherzig. Es entdeckt seinen Mut zum Enttarnen. Es zeigt, wie sich einer von uns Zaghaften ans Tageslicht schreibt. Behutsam, aber beharrlich klopft Lutz auf die Stelle unserer Rücken, der dieser Mut zur Offenbarung entspringt, und will damit sagen: Die leisen Leben haben viel mehr mitzuteilen, als sie denken. Vielleicht schriftlich. Denn schreiben ist nicht sprechen. Schreiben ist zunächst hören. Auf die Stimmen anderer, deren Nachhall, auf die eigene Stimme. Schreiben ist hinhören, im Café, in der Stille, beim Bügeln. Wer schreibt, sucht keine Geschichte, sondern eine Stimme – vielleicht die eigene. Erst dann wird schreiben sprechen.

Das ist aber womöglich schon zu weit gedacht… Was Lutz wohl auf die Frage antworten würde, warum er seine Zeit so intensiv dem Schreiben widmet? Womöglich das: Wer schreibt, der schreibt.

Marco Mahler

Einführung

Weshalb ich ein Buch übers Bügeln und Schreiben verfasst habe?

Erstens: Meine Erzählung *Wir nennen es träumen* hat eine riesige Schwäche. Es kommt niemand darin vor, der bügelt. Diesen Fehler möchte ich hiermit ausmerzen.

Zweitens: Weil ich Sie anregen und ermutigen will, ebenfalls zu schreiben.

Vielleicht denken Sie bei dem Wort „Schreiben" zuerst an Klassenarbeiten, Einkaufszettel und Kurznachrichten. Dann fühlen Sie sich vielleicht unter Druck gesetzt, weil Sie denken, dass Sie noch etwas zu erledigen haben oder man etwas von Ihnen erwartet. Aber Schreiben macht Spaß. Und es kann etwas sein, das Sie nur für sich tun. Ohne Leistungsdruck.

Außerdem möchte ich Sie ermutigen, sich nicht durch Ihre sonstigen Aufgaben vom Schreiben abhalten zu lassen. Eine der Aufgaben, die ich in meiner Familie übernommen habe, ist das Bügeln. Lange Zeit dachte ich, es würde mich vom Schreiben abhalten. Dann habe ich gemerkt: Wer aufmerksam bügelt, begegnet dem Leben und steigt über die Mauern im Kopf, spürt, wie sie uns einengen und sich doch ganz einfach wegbügeln lassen. Schreiben Sie Ihr eigenes Leben, bügeln Sie Ihre eigene Wäsche.

Warum nicht den Alltag zum Thema des

Schreibens machen? Mein Kleidungsstil macht mich aus, in all meinen Klamotten hängen Erinnerungen, ich muss sie nur kräftig schütteln und dabei den Stift übers Papier schwingen, schon füllen sich Seite für Seite wie von allein.

Schreiben und Bügeln, zwei Tätigkeiten, die viel miteinander zu tun haben, „Text“ und „Textil“ sind eng miteinander verwoben. Ich wünsche Ihnen wundervolle Erfahrungen! Beim Bügeln und Schreiben! Beim Zähneputzen und Nachdenken! Beim Freundetreffen und Verabschieden, im Leben und Sterben. Möge dieses Buch Ihnen dabei eine Begleitung sein.

Ungebügelte Wäsche

Eine Zeit lang habe ich mal richtig damit angegeben, dass ich bügle. Aber wenn unsere Wäsche mal wieder ungebügelt wochenlang in meinem Arbeitszimmer rumsteht und einstaubt, ist es nix, womit ich prahlen kann. Dann ist das Bügeln nichts, auf das ich stolz bin, aber ich mache es trotzdem gerne. Allerdings sehe ich es selbst als irgendwie unmännliche Tätigkeit und wenn andere darüber reden, wie sie eine Gartenhütte gebaut oder ein Auto tiefergelegt haben, schweige ich meist und erzähle nicht, dass ich heute Nachmittag endlich mal wieder einen Korb Wäsche „weggebügelt" habe. (Interessant finde ich, dass mein Schreibprogramm das Adjektiv „ungebügelt" gar nicht kennt. Ich frage mich, was die Menschen, die für die Programmierung der Rechtschreibüberprüfung zuständig waren, mit ihrer Wäsche machen.)

Einmal bin ich sogar nachts aufgestanden, weil ich nicht schlafen konnte und habe gebügelt. Anfangs fiel es mir schwer, weil ich noch müde war. Mit der Zeit kam ich aber rein und jeder Handgriff saß. Ein paar Hemden mit Schweißflecken unter den Achseln habe ich aussortiert. Das hat gutgetan. Viele Teile kamen zum Vorschein, die ich gar nicht mehr kannte. Ich habe mich geschämt, weil sich die Wäsche so lange gesammelt hatte. Aber das Schamgefühl wurde schnell kleiner, mit jedem Teil, das ich gebügelt habe.

Hosen sind am einfachsten zu bügeln. Nicht alle, aber im Großen und Ganzen. Am einfachsten sind Jeans-, etwas komplizierter sind Stoffhosen. Generell lässt sich die Regel aufstellen: Je robuster und grober der Stoff ist, desto leichter lässt er sich bügeln. Manche Teile, wie z. B. eine kurze Kinderhose, brauchen nur wenige Sekunden und kaum Kraft, bis sie in der gewünschten Form (zusammengelegt) sind. Viele Teile könnte man auch ungebügelt anziehen und wir machen es auch, wenn es morgens knapp ist und ich wieder einmal nicht gebügelt habe. Das ist mir unangenehm, dass ich es so weit habe kommen lassen. Aber so geht es uns doch oft im Leben: Wir verlieren den Kontakt zu einem bestimmten Bereich und dort wachsen uns die Dinge über den Kopf und allein ihr Anblick beschämt uns und wir wenden uns peinlich berührt von ihm ab.

Legen Sie los!

Okay, Sie sitzen jetzt vielleicht zuhause oder in einer Bibliothek oder in einem Café und sollen oder wollen schreiben. Vielleicht eine Hausarbeit fürs Studium, vielleicht eine Geburtstagskarte oder einen Brief und vielleicht ihre eigene Geschichte. Immerhin wollen Sie Ihren Text selbst schreiben, denn ansonsten hätten Sie ihn sich längst irgendwo im Internet besorgt. Dort gibt es Texte zu fast jedem Anlass.

SIE WOLLEN SELBST SCHREIBEN,
ALSO LEGEN SIE LOS!

Schreiben Sie auf, was Ihnen durch den Kopf geht. Sie meinen, dann würde gewiss nicht das herauskommen, was Sie sich zum Ziel gesetzt haben? Doch, wenn Sie lange genug schreiben, landen Sie irgendwann bei Ihrem Thema, schon allein deshalb, weil Sie fertig werden wollen und weil es Ihnen wichtig ist. Also legen Sie los. Schreiben Sie auf, woran Sie denken, was Sie sehen, woran Sie sich erinnern und was Sie längst vergessen haben. Verschiedenes wird zum Vorschein kommen. Es kann sein, dass es Ihnen nicht gelingen will, weil Sie sagen: „Ich will oder kann nicht einfach drauflos schreiben. Will lieber mein Thema abhandeln und dann fertig sein." Gut, dann stellen Sie jetzt dieses Buch hier in den nächsten freizugänglichen Bücherschrank und laden Sie sich Ihren Text doch im Internet herunter. Der Adressat Ihres Textes wird es nicht merken und Sie können sich früher um die wirklich wichtigen Dinge kümmern, wie essen, trinken, feiern gehen. (Okay, ich gebe es zu, ein bisschen eingeschnappt bin ich gerade, aber ich kriege mich schon wieder ein.) Ich möchte Sie mit

diesem Buch einladen. Ich möchte Sie an die Hand nehmen. Jedes Mal, wenn Sie es lesen, soll es Ihnen als Inspiration dienen.
Mir macht Schreiben großen Spaß, deswegen mache ich es häufig, zum Beispiel während ich vor dem offenen Fenster sitze und Musik von Trettmann höre.

Schreiben ist nichts Schlimmes, nichts, was Sie einengt und Ihnen Ihre Zeit stiehlt. Klar, es nimmt Zeit in Anspruch, manchmal sogar mehr als einem lieb ist, aber ich glaube, mit etwas Übung können Sie lernen, sich beim Schreiben zu entspannen.

Die größte Angst beim Aufschreiben dessen, was einem durch den Kopf geht, ist sicherlich, dass Andere es lesen könnten. Diese Angst kann ich gut nachvollziehen! Sie ist der Grund, weshalb ich all meine Tagebücher in regelmäßigen Abständen verbrenne. Es ist wichtig, dass Sie sich hier selbst Sicherheit verschaffen, damit Sie sich beim Schreiben entfalten können. Suchen Sie sich also einen Ort zum Schreiben, an dem Ihnen nicht plötzlich jemand über die Schulter schaut. Und bewahren Sie ihre Tagebücher an einem Ort auf, den niemand durchschnüffelt. Und dann schreiben Sie in Ihr Tagebuch ALLES rein, vor allem Dinge, die Sie niemandem erzählen würden und auch die, für die Sie sich schon beim Schreiben vor sich selbst schämen. Sie sind doch sowieso in Ihnen drin und Sie werden nicht schlechter dastehen, wenn Sie es aufschreiben. Sollte es Ihnen beim Schreiben doch mal zu heikel werden, können Sie das Blatt ja jederzeit rausreißen und aufessen. Ich habe schon oft gedacht: „Wenn das jetzt jemand liest, was wird der von mir denken?“ und habe es dennoch geschrieben. Das, was ich da aufschreibe, bin auch ich. Aber ich bin es nicht nur. So vieles macht mich aus und das Geschriebene ist nur ein Teil davon. Das Unangenehme zu verstecken, auszuklammern, zu verdrängen kostet enorm viel Kraft, es ungefiltert auszuleben, kann verletzend und zerstörerisch sein, es aber aufzuschreiben, entlastet Ihre Gedanken und Ihr Gefühlsleben und tut niemandem weh.

Nehmen Sie sich jetzt einen Zettel oder ein Notizbuch und einen Stift oder öffnen Sie das Schreibprogramm Ihres Computers. Stellen Sie sich einen Wecker und schreiben Sie drei, fünf oder zehn Minuten einfach drauflos. Wie Sie wollen. Nutzen Sie die Zeit und hören Sie nicht auf mit Schreiben, bis der Wecker klingelt. Legen Sie los!

Bügeln und Hoffen

Ich habe mal wieder noch die Wäsche von letzter Woche liegen. Ungebügelt. Und wieder ist da dieses Gefühl, es nicht schaffen zu können. Vor ein paar Wochen hatte ich drei, vier Wäschekörbe übervoll mit ungebügelter Wäsche. Ich hatte das Bügeln lange Zeit schleifen lassen, war nicht mehr hinterhergekommen und dann heilfroh, als ich wieder Land sah oder anders gesagt: Den Boden des Wäschekorbs. Da habe ich mir vorgenommen, es nie wieder so weit kommen zu lassen und stattdessen regelmäßig zu bügeln. Jede Woche. Immer donnerstags. Dann hat es das erste Mal nicht geklappt. Und dann das zweite Mal. Mit jedem Mal, das ich auf die gleiche Art verstreichen ließ, wuchs der Berg mit ungebügelter Wäsche. Zunächst war er noch überschaubar. Dann fing ich an, einzelne Teile herauszusuchen, die ich bügelte, weil sie am nächsten Tag gebraucht wurden. Und der Wäscheberg wuchs von Woche zu Woche.

Was für den einen banal klingt, ist für den anderen die Schilderung eines Alptraums. Vielleicht nicht so eines Alptraums, in dem Frau und Kinder sterben und man selbst tatenlos zusehen muss. Aber doch so, dass auch in diesem Alptraum die Kontrolle über das Leben verloren geht. Nicht dramatisch, aber im ganz Kleinen und deutlich spürbar, beginnen die Dinge sich anders zu entwickeln, als ich es möchte. Bei mir ist es das Bügeln, bei Ihnen vielleicht eine andere „Kleinigkeit", die Sie nicht oder nur schleppend erledigt bekommen. Ist das schlimm? Nein, es gibt Menschen, die sagen: „Erst wenn wir zerbrechen, finden wir uns selbst." Das mag sein, aber ich will nicht zerbrechen. Ich will mich dem Bruch entgegenstemmen. Und zwar mit all meiner Kraft. Will meine kleine Welt zusammenhalten. Und dennoch ist mir völlig klar: Wenn das Schicksal mich auswählt – mit eiskaltem Blick – und zuschlägt, dann bin ich machtlos. Dann merke ich: Es war bloß eine Eisscholle, auf der ich mein Leben lang gestanden habe, die sich jetzt löst und ich treibe haltlos auf dem Ozean, der sich Leben nennt.

Aber solange das nicht so ist, liebe ich sie, die sogenannten „geordneten Verhältnisse". Und kein Schiffbrüchiger dieser Welt, der irgendwie versucht, die Brocken seiner Biographie wieder zusammenzuflicken, kann mir erzählen, dass er nicht die Geborgenheit vermisst, die er empfunden hat, als er noch auf dem Festland stand.

Ich weiß, das ist ein Plädoyer für einen risikolosen Lebensstil. Aus ihm spricht meine Furcht vor Veränderung. Aber es ist auch so: Mit der Kontrolle über den Bügelberg verbinde ich die Hoffnung, das eigene Leben zu gestalten, Bücher zu schreiben, meine Kinder aufwachsen zu sehen, meine Frau zu lieben, die Klausuren rechtzeitig zu korrigieren, ein guter Lehrer zu sein und das Leben zu genießen.

Alles Regelmäßige hilft, das Leben zu strukturieren und

gibt Halt. Wenn Sie regelmäßig schreiben ist es genauso. Es ist noch dazu wie ein Bohrer, der immer weiter ins Erdreich vordringt und bald Öl, bald Wasser findet. Schreiben Sie also möglichst jeden Tag. Aber vernachlässigen Sie Ihre Bügelwäsche nicht! Meine Oma hat immer gesagt: „Gibt´s ´nen Anfang, gibt´s ´n End." Wenn Ihnen nicht einfällt, worüber Sie schreiben können, schreiben Sie über die Sprichwörter Ihrer Großeltern oder über die Lebensweisheiten Ihrer Eltern. Oder über Ihre eigenen.

Was ist Ihnen wichtig?

Wir leben in Deutschland in einer hochtechnisierten Welt, in der jeder Schritt bürokratisch begleitet wird. Es ist uns möglich, per Sprachsteuerung unseren Alltag zu regeln, aber es ist nur schwer möglich, im Internet einen Schritt zu gehen, ohne Spuren zu hinterlassen. Was wir dagegen brauchen, sind mehr Verständnis und Interesse füreinander. Erklären Sie Ihren Mitmenschen, warum Sie tun, was Sie tun. Erklären Sie, was Ihnen selbstverständlich ist. Für andere ist es das noch lange nicht.

Ich glaube, dass viele Menschen, die mir sehr nahestehen, nicht verstehen, weshalb ich gerne schreibe und gerne bügle. Deshalb habe ich dieses Buch geschrieben.

Ich habe aber, glaube ich, noch nie einen Satz gelesen, den mein Vater geschrieben hat. Mein Vater ist, auch wenn er diesen Begriff nicht selbst verwendet, Erfinder. Mir ist es wichtig zu erklären, was er erfunden, oder wie er sagen würde, „entwickelt" hat. Es handelt sich um ein Gerät zur Röntgenfluoreszenzanalyse. Mit diesem Gerät kann er die metallische Zusammensetzung von Bädern messen, die in der Automobilzuliefererindustrie zur Oberflächenbeschichtung eingesetzt werden. Metallteile in großer Stückzahl werden in das Bad getaucht, durch welches ein Strom fließt. Nach einer Vorbehandlung (Reinigung etc.) werden die

Metallteile mit Hilfe von Elektrolyse nun mit einer Zink-Nickel-Legierung beschichtet. Die Einzigartigkeit am Gerät meines Vaters besteht darin, dass der Produktionsprozess nicht unterbrochen werden muss, um die Zusammensetzung des Bades zu verändern. Während die Oberfläche der Metallteile beschichtet wird, fließt eine Probe durch das Gerät, wird dort gemessen und fließt ins Bad zurück. Sollte die Zusammensetzung des Bades nicht der Vorgabe entsprechen, sendet das Gerät die Information weiter, so dass die Zusammensetzung verändert wird.

Mein Vater hat dafür viele Jahre, Tage, Nächte gebraucht, um die Idee zu entwickeln, zu verbessern, umzusetzen, das Gerät zu bauen, zu vertreiben, in Stand zu halten. Es ist sein Lebenswerk. Und zugleich ist es das Lebenswerk meiner Mutter, die ihn stets unterstützt hat.

Der Erfindermut meines Vaters ist mir beim Schreiben ein Vorbild. Vieles von dem, was ich über das Verfolgen einer eigenen Idee weiß, habe ich mir bei ihm abgeschaut. Er ist einen entbehrungsreichen Weg gegangen und ich will nicht wissen, wie viele Nächte es gegeben hat, in denen er gezweifelt hat und alles hinwerfen wollte. Ich bin ihm sehr dankbar, dass er es durchgezogen hat, denn so hat er mir gezeigt, dass Beharrlichkeit eine wichtige Eigenschaft ist und gleichzeitig unsere Familie ernährt.

Schreiben Sie über das, was Ihnen wichtig ist. Oder noch

besser: Schreiben Sie über das, was Ihren Mitmenschen wichtig ist. Lesen Sie anderen Ihre Texte vor und sprechen Sie miteinander. Damit geben Sie Ihren Freunden, Nachbarn, Verwandten und Kollegen die Möglichkeit Sie zu verstehen und das, was Sie ausmacht. So entsteht Verständnis in unserer Welt.

Schokolade

Schreiben schmeckt. Ich habe hier in all den Jahren ein Stück Schokolade gefunden. Angefangen habe ich schon früh. In der vierten Klasse habe ich eine Geschichte über Zaubersalz geschrieben, welches Menschen und Gegenstände verkleinert. Sie wurde in der Zeitung abgedruckt und ich habe zehn Mark und ein Lob von meinem Opa bekommen.

Das Tagebuchschreiben fing dann an, als ich mit 15 oder so, von einer christlichen Jugendfreizeit zurückkam. Dort hatten sie uns den Tipp gegeben, ein Gebetstagebuch zu führen, in das wir hineinschreiben, wofür wir Gott danken und worum wir ihn bitten. Das habe ich eine Zeit lang gewissenhaft gemacht, dann wurde mir das Korsett zu eng.

DAS TAGEBUCHSCHREIBEN HABE ICH BEIBEHALTEN. DAS BETEN AUCH. ABER MEISTENS EBEN GETRENNT VONEINANDER.

Wenn Sie auch mit Tagebuchschreiben anfangen wollen, können Sie das sofort tun. Suchen oder kaufen Sie sich einfach ein Schreibheft und einen Stift. Mehr brauchen Sie nicht und diese Utensilien müssen auch keine hohen Anforderungen erfüllen.

Jahrelang habe ich gerne in Kladden geschrieben. Das sind Tagebücher mit festem Einband. Manchmal schreibe ich einfach Schulhefte voll. Ich mag es auch, in teure, fair gehandelte Kladden mit Ledereinband zu schreiben. Aber eigentlich ist es egal. Wie viele Tagebücher ich mittlerweile vollgeschrieben habe, kann ich gar nicht sagen, weil ich sie von Zeit zu Zeit verbrenne. Irgendwann habe ich angefangen zu glauben, ich würde meine Probleme lösen, indem ich mir immer wieder durchlese, was ich in ähnlichen Situationen über sie geschrieben habe. Das ist aber Unsinn. Das Geheimnis besteht im Aufschreiben und Loslassen. Das Loslassen habe ich durch das Verbrennen gelernt. Ich dachte auch immer, meine Tagebücher seien ein wundervoller Fundus für meine späteren Veröffentlichungen. Aber auch das stimmt nicht. Immer wieder stelle ich fest, dass ich erst dann weiterkomme, wenn ich etwas Altes loslasse. Und auch hier ist das Verbrennen des Geschriebenen eine wichtige Übung. Außerdem kann ich veröffentlichen, was ich aufheben möchte. Veröffentlichte Texte kann ich mir immer wieder anschauen, die anderen werden verbrannt.

Vielleicht denken Sie jetzt: Warum soll ich etwas schreiben, das ich dann später verbrenne? Das Besondere am Schreiben ist nicht das Aufheben, sondern das Loslassen. Deswegen macht Schreiben im Gegensatz zu Schokolade auch nicht dick. Ich freue mich, wenn ich schreibe, weil ich mir Zeit für mich selbst nehme. Es ist manchmal mein Start in den Tag, manchmal meine Belohnung nach getaner Arbeit. Es ist meine Verschnaufpause und eine Oase im Alltag.

Also: Lassen Sie sich das Schreiben schmecken. Setzen Sie sich jetzt sofort hin und schreiben und genießen Sie es, dass Sie die Zeit und die Möglichkeit dazu haben. Der Abwasch kann warten, dieser Moment gehört Ihnen. Wenn Sie mögen, schreiben Sie auf, was Ihnen in den letzten 24 Stunden gut gefallen hat und welche Aufgaben in den nächsten 24 Stunden noch vor Ihnen liegen.

Verbindungen

Wenn Sie anfangen, mit Leib und Seele Texte zu Papier zu bringen, merken Sie bald, dass alles miteinander verbunden ist. Wenn Sie schreiben, kommen Sie den Verbindungen der Dinge untereinander auf die Schliche. Ich möchte dies mit einer kleinen Geschichte illustrieren.

Als wir aus unserem Frankreichurlaub zurückkamen, statteten wir meiner Großtante einen Besuch ab. Sie wohnt in der Nähe von Saarbrücken und es lag auf dem Weg.

Sie ist für mich wichtig, weil Sie mich immer wieder zum Schreiben ermutigt. Glauben Sie mir, wenn Sie anfangen zu schreiben, freuen Sie sich über jeden, mit dem Sie über das Schreiben reden können. Dabei sind die Dinge, die wir mit ganzem Herzen tun, so voller Leben, dass sie sowieso über jeden Zweifel erhaben sind. Und trotzdem brauchen wir manchmal jemanden, der die Kraft unseres Tuns erkennt und uns darin bestärkt.

Jedenfalls saßen wir im Garten meiner Großtante, tranken gekühlten Tee und Holundersirup mit Sprudel und sie erzählte mir, dass sie einen älteren Text von mir herausgekramt habe. Einen, in dem ich schildere, wie ich zum Bügeln gekommen sei und dass sie sich die Szene in der Küche meiner Großmutter richtig vorstellen könne. Mir war da allerdings noch nicht klar, warum sie gerade diesen

Text hervorhob.

Irgendwann später standen wir dann in ihrem Garten und sie fragte mich, was mein nächstes Projekt sei. Und in dem Moment verstand ich, dass alles miteinander verbunden ist.

Sie müssen mir das nicht glauben. Sie können auch weiterhin davon ausgehen, dass jedes Wort für sich steht und allenfalls viele Worte sich zu einem Satz verbinden und wenn die Sätze Glück haben, sie zu einem Text werden. Darüber hinaus: Nichts. Dann hätten aber die Worte, Sätze, Texte, die Sie schreiben, nichts zu tun mit dem Leben, das sie leben.

Ich bin fest davon überzeugt: Meiner Großtante fiel der Bügeltext in die Hände, weil wir miteinander verbunden sind und weil er in die Textsammlung passte, die ich gerade schrieb und die mich beschäftigte, als ich in ihrem Garten stand und weil die Buchstaben, die wir schreiben, nicht beziehungslos durch den Raum schweben, sondern an unscheinbaren Fäden hängen, die unmittelbar mit der Wirklichkeit verbunden sind. Wenn wir Buchstaben auf Papier bringen, dann zippeln die Worte an dem, was wir Leben nennen oder Alltag oder ganz allgemein „die Umstände". Sätze bringen Sachen in Bewegung, vielleicht auch durcheinander. Jedenfalls berühren sie etwas und etwas berührt Sie. Und dann spüren Sie, dass Sie nicht allein sind, sondern dass andere Menschen und Schicksale und Leben mit dem Ihrigen verbunden sind und vielleicht sogar der Tisch vor Ihnen und das Sofa, auf dem Sie sitzen, während Sie schreiben.

Achten Sie einmal auf Veränderungen, wenn Sie das nächste Mal Leben zu Papier bringen. Vielleicht bewegen sich Ansichten. Vielleicht ganze Beziehungen.

Den Text, den meine Großtante herausgekramt hatte, lesen Sie im nächsten Kapitel.

Eine Kindheitserinnerung

Es war der 7. Oktober 1990. Vielleicht war es auch ein anderer Tag. Es ist egal, dass kurz vorher die Wiedervereinigung stattgefunden hat und dass Deutschland in diesem Jahr Fußballweltmeister geworden ist.

FÜR KINDHEITSERINNERUNGEN SIND DATUMSANGABEN EGAL.

Nicht egal ist, dass ich an diesem Tag hoch zu meiner Oma gegangen bin. Wie so oft saß sie an ihrem Küchentisch und bügelte. „Hallo Oma, darf ich zu dir?" – „Aber natürlich mein Schatz, aber ich will erst noch die Wäsche bügeln." Bügeln, das wird mir circa 29 Jahre später erst klar, war die Verbindung meiner Oma zu „Unten", dem Reich meiner Eltern. Sie hatte selbst keine Waschmaschine. Deshalb wusch meine Mutter ihre Wäsche mit. Und sie bügelte dann und wann die Wäsche meiner Mutter. Entscheidend ist, dass ich von ihr das Bügeln gelernt habe: „Darf ich mitbügeln?" – „Willst du?", fragte sie langgezogen, wusste gleichsam aber, dass ich wollte. Es war schließlich nicht das erste Mal. Wenn sie aufstand, um mir mein kleines Bügeleisen zu holen, dann ging das so: Sie stellte ihr Bügeleisen ab, auf den

Küchentisch. Denn sie bügelte immer auf dem Küchentisch, mit einer dicken „Bügeldecke" drauf. Anschließend rollte sie ihren Bürostuhl ein Stück nach hinten, stand langsam, nicht ohne das Gesicht zu verziehen, auf und watschelte gen Fenster. Watscheln deshalb, weil ihr Gang etwas ungleichmäßig war, wegen der Hüften. Mit denen hatte sie immer Probleme. Es soll nicht respektlos klingen, aber ich finde, das beschreibt ihren Gang am besten. Mein kleines Bügeleisen hatte keinen eigenen Stromanschluss, dafür aber eine Bügelsohle aus Metall. So konnte ich mein Bügeleisen Sohle an Sohle gegen ihres stellen und meines an ihrem erwärmen. Ein schönes Bild eigentlich, dass sich auf unser abendliches auf dem Sofa-nebeneinander-Sitzen durchaus übertragen ließe.

Schreiben Sie eine Kindheitserinnerung nieder. Und was Ihnen nicht einfällt, erfinden Sie. Es ist okay. Es sind ja Ihre Erinnerungen. Wenn Sie fertig sind (auch wenn man mit dem Erinnern niemals fertig ist), suchen Sie sich vielleicht jemanden, mit dem Sie über Ihre Erinnerung sprechen können. Und wenn Sie sich trauen, lesen Sie Ihren Erinnerungstext vor.

Worte sammeln

Immer wieder denke ich gerne an *Frederick*. Es ist ein Bilderbuch, das mir im Kindergarten schon begegnet ist und vorgelesen wurde und das ich auch meinen Kindern gerne vorgelesen habe. Es geht darin um eine Mausefamilie, die sich für den Winter vorbereitet und Vorräte sammelt. Nur Frederick hilft nicht mit. Er sitzt scheinbar regungslos am Rand und tut nichts, während die anderen Mäuse fleißig am Getreidesammeln sind.

Denn Frederick sammelt Eindrücke, prägt sich Farben ein, prägt sich das Gefühl der Sonnenstrahlen auf seinem Fell ein, merkt sich die Worte, die während der lustigen Sommerzeit gesprochen werden.

Er wird immer wieder angesprochen: „Frederick, was tust du da? Du machst ja gar nichts. Du sonnst dich nur und sitzt faul rum. Was ist denn da?" Und Frederick antwortet immer wieder: „Ich sammle die Sonnenstrahlen, ich sammle die Wärme, ich sammle die Worte."

Der Winter kommt. Die Mäuse haben bald all ihre Vorräte aufgebraucht und all ihre lustigen Geschichten vom Sommer erzählt. Irgendwann erinnern sie sich an Frederick. In die Stille hinein sagen sie: „Mensch Frederick, was ist mit deinen Vorräten?" Frederick redet zu ihnen, trägt ihnen ein Gedicht vor. Er hätte sicherlich noch mehrere auf

Lager gehabt, aber die Kürze des Bilderbuches, lässt nur ein Gedicht zu. Die anderen Mäuse freuen sich, weil sie Worte bekommen, das, was ihnen jetzt fehlt. Sie sagen zu Frederick: „Mensch, Frederick, du bist ja ein Dichter."

Ich glaube, das ist es, was das Schreiben ausmacht: Worte sammeln und da, wo sie fehlen, austeilen. Wo es schwer ist, das auszusprechen, was einem wichtig ist, da haben Texte die Aufgabe, ein Speicher zu sein und Worte zur Verfügung zu stellen.

Sammeln Sie Worte. Das können Sie zum Beispiel tun, indem Sie Listen anlegen mit Worten, die Ihnen besonders gut gefallen, die Sie stören, die Sie geprägt haben oder die besonders viel Kraft enthalten.

Inventur

Ich habe mich neulich mal wieder mit meiner Großtante unterhalten. Übers Schreiben. Wir reden fast immer übers Schreiben, wenn wir telefonieren und wir telefonieren häufig. Sie meinte, selbst wenn sie mit dem Schreiben anfangen wolle, wüsste sie nicht, über was sie schreiben könnte, sie habe nichts zu erzählen, was von Belang sei. Und außerdem sei sie zu bescheiden, um über sich selbst zu schreiben und das, was sie erlebt habe, sei nichts Besonderes. Und damit hat sie ganz wunderbar formuliert, was wohl viele Menschen vom Schreiben abhält: Bescheidenheit und die (scheinbare) Belanglosigkeit des eigenen Lebens.

Aber es ist andersherum. Wer anfängt, regelmäßig zu schreiben und sein Schreiben auch für andere öffnet, gewinnt Selbstvertrauen und merkt, dass das eigene Leben von Bedeutung ist.

Ich verstehe das Schreiben als eine Art Lebensinventur. Beim Schreiben durchschreite ich ungestört die Räume meines Ladens und mache mir bewusst, was eigentlich alles zu mir gehört. Während im „richtigen“ Leben der Laden geöffnet hat und Kunden ständig etwas von mir wollen, ich aber eigentlich damit beschäftigt bin, neue Waren einzusortieren oder umzudekorieren, habe ich, wenn Inventur ist (also: beim Schreiben), den Laden geschlossen, kann durchatmen und durch die Regale schlendern.

Mit dem Schreiben ist es ja auch so ähnlich: Ich schreibe in den Pausen. Wenn ich meine, mir gerade mal eine Auszeit gönnen zu können. Wenn ich mich vor dem Aufräumen, Bügeln oder Korrigieren von Klassenarbeiten drücken möchte. Dann schreibe ich. Aber es ist ja nicht so, dass mein Leben aufhört, wenn ich schreibe. Es verdoppelt sich sogar. Das, was sonst wie wild um mich herumwuselt und gar nicht zu greifen ist, wird nun auf Papier gebannt und festgehalten. Zumindest der Moment, der gerade durch Kopf, Herz und Stift aufs Papier fließt und dort zu einem mehr oder minder lesbarem Abbild gerinnt.

Vielleicht verpasse ich, während ich schreibe, das Wichtigste, oder ich lasse jemanden im Stich, der mich eigentlich dringend braucht. Ich glaube aber, dass ich mich beim Schreiben sammle und sortiere und merke, was mir wirklich wichtig ist.

Stellen Sie sich für einen Moment vor, Sie wüssten genau, was Sie mit Ihrem Leben anfangen wollen. Es gäbe keinen Zweifel. Sie wüssten genau, was Ihr Ziel und Ihre Bestimmung wären, weil es niemanden auf der ganzen Welt gäbe, der genau diese Aufgabe so gut erfüllen könnte, wie Sie das können. Würden Sie nicht sofort loslegen, diese Ihre Bestimmung zu erfüllen? Ich glaube, es wäre so.

Früher habe ich mir einen Gott vorgestellt, der mich irgendwann ruft und mir dann diese Aufgabe mitteilt. Heute glaube ich das nicht mehr. Aber wenn Sie schreibend Ihr Leben durchforsten, werden Sie merken, was gut geht und was ein oller Ladenhüter ist. Das Leben verändert sich. Interessen verschieben sich. Vielleicht höre ich in zehn Jahren auch auf zu schreiben. Vielleicht morgen. Aber bis dahin nutze ich es, um mich zu sammeln und voller Kraft da zu sein, wo ich gebraucht werde.

Schließen Sie für zehn Minuten Ihren Laden und schreiben Sie auf, was alles in den Regalen Ihres Lebens steht.

Erinnerungen bügeln

Mit vielen Kleidungsstücken verbinde ich Erinnerungen, die mir beim Bügeln wieder in den Sinn kommen. Und beim Bügeln habe ich die Zeit,

mir die Erinnerungen zu vergegenwärtigen.

Ich habe zum Beispiel ein kurzärmliges Hemd mit Segelschiffen drauf, das ich mir gekauft habe, als ich mit meiner Frau in Heidelberg war. Wir haben dort ein schönes Wochenende ohne Hund und Kinder verbracht und ein tolles Theaterstück gesehen. Nachdem ich mir das Hemd gekauft hatte, schlenderten wir noch etwas durch die Fußgängerzone. Als wir irgendwann wieder an dem Laden vorbeikamen, in dem es das Hemd gab, rief mich die Verkäuferin zu sich. Sie hatte auf mich gewartet und mich wiedererkannt. „Sie haben Ihre Brille bei uns vergessen.“ Ich schlug mir mit der Hand vor den Kopf und bedankte mich.

Die nächste Erinnerung hängt in einem T-Shirt, schwarz, klobig und eigentlich ist es gar nicht schön. Aber ich habe es mir auf einem Sido-Konzert gekauft und freue mich immer, wenn ich es trage. Das Konzert war eigentlich auch nur mittelmäßig, weil wir unter der Woche da waren und es wollte einfach keine Stimmung aufkommen. Beim Bügeln des Shirts muss ich häufig daran denken, wie ein paar Sido-Fans fünf Reihen vor uns immer wieder den „Arschficksong“ forderten, den Sido dann tatsächlich spielte und der damals wie heute so gar nicht in meine gut-bürgerliche Bügelwelt passt. Aber es ist wohl so, dass viele Künstler Werke veröffentlichen, mit denen sie die Mehrheit vor den Kopf stoßen, um zu provozieren, aber auch, um sich freizuschwimmen und um dann ausdrücken zu können, was ihnen wirklich wichtig ist.

Nutzen sie also das Bügeln, um sich Zeit für Ihre Erinnerungen zu nehmen.

„Wer sich gerne erinnert, lebt zweimal.“

Und wenn Sie wollen, machen Sie es wie ich, schreiben Sie Ihre Erinnerungen auf und teilen Sie sie mit anderen. Als wir ein dreiviertel Jahr in Frankfurt gewohnt haben, haben wir einen der anderen Mieter erst bei unserem Auszug kennengelernt. Mittlerweile wohnen wir seit über acht Jahren in einem kleinen Dorf und kennen manche Menschen, die im Umkreis weniger Hundert Meter um uns herum wohnen, immer noch nicht. Ich glaube es ist gut, wenn wir uns sichtbar machen. Schreiben ist hierfür eine gute Möglichkeit. Und zwar nicht nur in der anonymen Welt des Internets, sondern auch im echten Leben, in dem Fleisch und Blut alt werden und sterben.

Schalten Sie Ihr Bügeleisen ein und legen Sie Ihr Schreibzeug parat. Achten Sie beim Bügeln bewusst auf die Erinnerungen, die Sie mit den Kleidungsstücken verbinden. Schreiben Sie diese Erinnerungen anschließend auf. Geben Sie aber Acht, dass Ihr Bügeleisen in der Zeit nicht das Haus in Brand setzt.

Geld & Träume

Bleiben Sie in Bewegung und realisieren Sie Ihre Träume. Die Energie, die wir in die Erfüllung unserer Träume investieren, hilft uns, noch kraftvoller zu leben und zu schreiben.

Wir erkennen, worauf es uns wirklich ankommt, wenn wir das tun, was uns am meisten liegt. Ich kenne Menschen, die sich sehr für Basketball oder Fußball oder Singen oder Wandern begeistern. Aber sie arbeiten viel und sind stark in das Leben ihrer Familien eingebunden.

Was hindert uns daran, mehr Zeit für unsere Leidenschaft aufzubringen? Sehr häufig ist es das Geld. Wir brauchen es, um uns unser Leben zu ermöglichen. Allerdings brauchen wir weniger Geld, wenn wir auf Annehmlichkeiten, Statussymbole oder Sicherheit verzichten. Manchmal reicht es schon, wenn wir uns beim Bäcker nicht das fünfte Brötchen „andrehen" lassen, weil es im Angebot ist, wenn wir eigentlich nur vier Brötchen wollten.

Geld macht uns nicht glücklich. Der Satz ist abgedroschen, stimmt aber und viel zu wenige Menschen beherzigen ihn. Wenn wir anfangen, unseren wahren Träumen zu folgen, sei es Fußball, Schreiben, Lesen, Umweltschutz, Marmelade kochen oder ganz etwas anderes, dann befreien wir uns aus der Illusion, Geld mache glücklich. Mit Geld kann ich Essen kaufen, Miete, Gas und Strom bezahlen und viele andere lebensnotwendige Dinge, aber kein Glück.

Wir können Geld, Zeit, Energie, Besitz verschenken, ohne dass wir uns davor fürchten müssen zusammenzubrechen. Zeit kann nicht verschwendet werden, wenn man sie für etwas verwendet, was einem selbst sinnvoll erscheint.

Vielleicht ist Schreiben Ihre Leidenschaft, aber egal ob Sie schon lange dabei sind oder gerade erst angefangen haben: Wahrscheinlich kennen Sie die Selbstzweifel, die Ihnen mitteilen, dass das, was Sie da fabrizieren, niemals gut genug ist. Ich will Ihnen jetzt etwas verraten: Es ist jederzeit möglich, gut zu schreiben.

Seien Sie einfach mit sich selbst in Berührung. Denn mit der gleichen Schludrigkeit, mit der Sie sich selbst begegnen, werden Sie auch dem Schreiben begegnen. Sicherlich haben Sie sich auch schon gefragt, was gerade Sie Ihren Leserinnen und Lesern mitteilen können, da Sie doch genauso mittelmäßig sind, wie alle anderen. Auch das will ich Ihnen verraten:

SIE KÖNNEN ERZÄHLEN, WAS ES HEISST, MENSCH ZU SEIN!

Sie können zeigen, dass es nichts Bunteres, Aufregenderes und Schöneres gibt, als dieses Leben zu leben und dass der Schmerz, den wir hin und wieder spüren, dazugehört.

Wenn wir wissen, was wir lieben, finden wir einen Weg, es zu tun. Dabei kommt es nicht darauf an, dass das, was wir tun, nach objektiven Kriterien „gut“ ist. In der Kunst und im Leben gelten solche Maßstäbe nicht. „Machen ist besser als gut machen“, ist ein Spruch, den ich irgendwo mal im Internet aufgegabelt habe. Er hat mir bisher unzählige Male geholfen, meine Selbstzweifel zu überwinden und mit dem anzufangen, was mir wichtig ist. Dabei wird es an Stimmen nicht fehlen, die Ihnen davon abraten. „Das passt doch gar nicht zu dir“, sagte man mir, als ich meine ersten Rap-Aufnahmen vorspielte. Ich war gekränkt und verwirrt und machte weiter. Neulich trug ich einen meiner Raptexte als Poetry-Slam-Beitrag vor. Das Publikum war überrascht und applaudierte und ich freute mich über die Anerkennung.

Fertigen Sie eine Liste mit Ihren Lebensträumen an oder gestalten Sie am besten gleich ein großes Plakat, auf dem Ihre Träume zum Ausdruck kommen und hängen Sie es gut sichtbar in Ihr Zimmer. Ihrer Kreativität sind hier, wie immer, keine Grenzen gesetzt. Hauptsache, Sie beschäftigen sich mit Ihren Träumen und teilen das anderen mit. Überlegen Sie auch, wie Sie mit ein wenig Geld, einen Traum ein großes Stück nach vorne bringen können. Manchmal reichen schon zehn Euro.

Ein gedachtes Eisen bügelt nicht

Meine Angst geht in der Nacht auf Montag in den Wald. Ich folge ihr. Der Wald ist dunkel, aber das brauche ich wohl nicht zu erwähnen, denn nichts ist so dunkel, wie ein nächtlicher Wald. Meine Angst fühlt sich wohl. Sie freut sich auf Wildschweinrotten, die meinen Weg kreuzen könnten und stellt mir vor, wie es wäre, im Wald umzuknicken und mit einem dicken Knöchel nicht weiterlaufen zu können. Meine Angst freut sich an jedem Knacken neben mir und ärgert sich abgrundtief, dass die Sterne so hell leuchten und überhaupt diese Lichtverschmutzung, so richtig dunkel ist es ja gar nicht. Ich freue mich auch ein wenig, dass meine Angst mit den Geräuschen und dem unebenen Boden beschäftigt ist, denn dann lässt sie all die abstrakten Bedrohungen, wie Klimawandel, terroristische Angriffe oder Pandemien einmal außen vor.

2019 war ich mit einer kirchlichen Reisegruppe in Tansania. Es war wie ein anderes Leben. Bunter, wärmer, intensiver. Bevor wir unsere Reise antraten, war es mir unvorstellbar, was mich dort erwarten würde. Wir wurden gut auf die Reise vorbereitet, bekamen Erfahrungsberichte von anderen Tansaniareisenden, wurden über Land und Leute informiert, ich las einen Reiseführer und einen Roman, der in Tansania spielt und dennoch: Die Reise selbst blieb für mich ein weißer Fleck auf meiner mentalen Landkarte. Die Reise ging ins Unbekannte.

Aber ich bin immer froh, wenn meine Angst einmal konkret etwas zu tun hat, denn ansonsten lässt sie meine Gedanken schweifen, findet in weiter Ferne etwas und bringt es mit nach Hause. Der Gedanke, eins der Kinder könnte unheilbar krank werden, unsere Ehe scheitern oder ich im Job unglücklich werden, fühlt sich dann so real an, als wäre all das tatsächlich bereits eingetroffen und ich müsste jetzt sehen, wie ich damit umgehe. Dabei handelt es sich nur um Mitbringsel meiner umhervagabundierenden Angst.

Der erste Tag in Afrika begann für mich damit, dass ich verschlief und infolgedessen nicht so in Ruhe frühstücken konnte, wie ich es gerne getan hätte. Im Anschluss brachen wir auf nach Ngara in Tansania. Hier beginnt ein Film, bei dem ich mich nur noch an manches erinnern kann, vieles von dem, was ich in Tansania erlebt habe, ist mittlerweile überlagert von den Bildern, die wir dort gemacht haben und die ich seitdem wiederholt angeschaut und anderen gezeigt habe. Ein Beispiel hierfür ist ein Bild, auf dem unsere Reiseleiterin ein kleines Kind auf dem Arm hält, welches nach ihr benannt wurde. Ich habe das Bild unzählige Male angeschaut, kann mich an die ihm zugrundeliegende Situation aber nicht mehr erinnern.

Eine Situation in Tansania, an die ich mich noch lebhaft erinnern kann, ist das Piki-Piki-Fahren. Es war unvergesslich. Anfangs hatte ich Angst, habe mich mit beiden Händen an den Sitz geklammert. Erst mit der Zeit habe ich es geschafft dem Fahrer zu vertrauen und die Fahrt zu genießen. Der Fahrtwind trieb mir Tränen in die Augen, jede Wegunebenheit habe ich gespürt, aber es war ein sehr intensives Gefühl von Freiheit.

GEFÜHLE SIND GUT, WENN MAN NICHT VERZWEIFELT AN IHNEN FESTHÄLT.

Jedes Gefühl in mir, gehört, genau wie das Oberteil auf dem Bügelbrett vor mir, zu meinem Leben. An viele unserer Gefühle, selbst an die negativen, haben wir uns mit der Zeit gewöhnt. Sie füllen unseren emotionalen Kleiderschrank und gehören zu unserem Selbstbild. Sie sagen uns: „So bist du. So fühlst du dich an. Wenn du uns loslässt, wer bist du dann noch?" Aber davon dürfen wir uns nicht irritieren lassen. Genauso wie ich aus meinem zu eng gewordenen Lieblingsstück etwas Neues nähen kann, kann ich einen neuen Umgang mit meinen Gefühlen lernen, indem ich sie wahrnehme, loslasse und weiterbügle.

Nicht, dass wir uns falsch verstehen: Gefühle sind wichtig. Sie sind eine sehr intensive Art, die Welt zu erfahren. Nur: So wie Sie nicht alle Klamotten, die Sie besitzen, gleichzeitig tragen können, sollten Sie auch nicht alle Gefühle, zu denen Sie fähig sind, gleichzeitig mit sich herumtragen – auch, wenn Sie sich zum Beispiel an die Traurigkeit, über den Tod Ihrer Lieblingsoma, noch so sehr gewöhnt haben.

Es ist wie beim Bügeln. Wenn ich lediglich daran denke zu bügeln, wird der Haufen mit der Wäsche nicht kleiner. Wenn ich an meine Ängste lediglich denke, werden sie nicht kleiner. Ich muss mich in konkrete Situationen begeben, in denen ich das Bügeleisen in der Hand halte und das T-Shirt auf dem Brett vor mir liegt. Ich muss Dinge tun, bei denen ich konkrete Angst habe, wie zum Beispiel eine Klasse übernehmen, der ich mich nicht gewachsen fühle, ein Buch schreiben, bei dem ich nicht weiß, wie es ankommt, einem Menschen etwas sagen, bei dem mein konkretes Wesen zum Vorschein kommt.

Fangen Sie an zu bügeln und achten Sie bewusst darauf, welche Gefühle während des Bügelns in Ihnen zum Vorschein kommen. Wenn Sie mit dem Bügeln fertig sind, schreiben Sie einen Text über Ihre Gefühle.

Begrenzt & Ausgebremst

Gerade bin ich noch gut unterwegs, fühle inneren Schwung, tue ein paar Dinge, im nächsten Augenblick widerfährt mir etwas, was mich seelisch minimal verstimmt und ich fühle mich ausgebremst. Habe dann auch nicht die Möglichkeit, mit dem vorigen Schwung einfach über die Verstimmung hinwegzurollen. Sehnsucht nach Alleinsein, Scheu vor sozialer Interaktion. Ich spüre die Verstimmung auf mich zurollen, will ihr ausweichen, weiß aber nicht wohin. Durch das Ausweichen verstärke ich ihre Wucht. Ich muss mich ihr stellen. Ich fühle mich ausgebremst Der Tag beginnt trotzdem.

Das Gefühl der Begrenztheit. Von allen Seiten drückt und zwickt es. Draußen sind zu viele Aufgaben und Probleme. Drinnen ist zu viel Verzagtheit. Draußen und Drinnen passen nicht. Ungeduld, Unruhe, Unreife. Tausend Fragen. Unübersichtlichkeit, keine Ahnung, wie die Probleme zu lösen sind, keine Lust sie anzupacken.

Literarische Figuren I

Literarische Figuren sind Menschen wie Sie und ich, nur eben nicht aus Fleisch und Blut, sondern aus Tinte und Papier. Wir können ihnen begegnen, indem wir sie erfinden oder indem sie uns zwischen zwei Buchdeckeln über den Weg laufen. So oder so, wir können sie einladen, in unserer Fantasie zu leben, sich dort einzurichten und uns eine Geschichte zu erzählen.

Es ist nämlich so: In den glücklichen Momenten des Lesens und des Schreibens ist es wie in den glücklichen Momenten des Lebens: Zwei Lebensströme begegnen und berühren sich, fließen ein Stück als einer weiter.

BEIM LESEN BEGEGNET IHNEN IHR EIGENES LEBEN, BEIM SCHREIBEN FLIESST ES DURCH IHRE GESCHICHTEN.

Aber literarische Figuren leben nur dort, wo es ihnen gefällt. Wenn wir ihnen vorhalten, sie seien nur Hirngespinste, dann ziehen sie weiter, bis sie auf eine Vorstellungskraft treffen, die ihnen mehr zusagt. Wir müssen sie einladen und müssen mit ihrem Erscheinen rechnen.

Nehmen wir an, Sie lesen eine Geschichte. Nehmen wir an, Sie lesen *Defender* von Andreas Steinhöfel. Existiert Johannes wirklich? Natürlich! Mimi Kaminski? Natürlich! Johannes kam auf die Welt, kannte seinen Vater nicht und seine Mutter kümmerte sich nicht um ihn. Mimi fütterte ihn mit Schokoriegeln und Comics und rettete ihm das Leben. Alles nur ausgedacht? Auf keinen Fall.

Begegnen Sie Tonio Kröger. Er erzählt Ihnen, dass er gerne ein guter Tänzer wäre, stattdessen aber Geschichten schreibt und sich deswegen schämt.

Sein Jugendfreund Hans Hansen taucht dann übrigens auch noch einmal in dem Buch *Schnee* von Orhan Pamuk auf, einer Geschichte, die hauptsächlich in der Türkei spielt.

Frau Jenny Treibel behält ihre Selbstsicherheit nur, indem sie ihre Mitmenschen kontrolliert und sich über sie erhebt, zur Not mit Hilfe eines Sitzkissens. Die Welten der Bücher sind voller Figuren und sie alle leben.

Als Kind hatte ich viele ausgedachte Freunde. Sie begleiteten mich überallhin, ich konnte mit ihnen reden und sie antworteten mir. Einmal schickten meine Eltern mich in den Keller, um fürs Mittagessen Getränke zu holen. Ich kam nicht wieder, weil ich mich lange mit dem Flugdrachen unterhielt, der in Form eines Indianergesichts neben den Wasserkisten stand. Sie meinen, ich habe gesponnen? Dann sollten Sie keine Bücher lesen. Die Figuren, die dort leben, beginnen zu reden, wenn wir ihnen zuhören.

Genauso funktioniert es beim Schreiben. Wenn Sie eine Geschichte schreiben wollen, finden Sie auch die Figuren, die sie bevölkern. Haben Sie eine Figur gefunden, setzen Sie sich hin und schreiben auf, was sie zu erzählen hat. Aber seien Sie auf der Hut, es wird eine Menge sein. Lassen Sie sich von der Figur Geschichten aus ihrer Kindheit erzählen, von ihrer ersten Liebe, von einem Streit mit ihren Eltern oder wie sie ihre Eltern bei einem Unfall verloren hat. Und tun Sie mir den Gefallen, zweifeln Sie nicht an dem, was Sie dort zu hören bekommen, egal wie verrückt es in Ihren Ohren klingen mag. Die Figur könnte sonst eingeschnappt sein und weiterziehen. Hüten Sie sich auch davor, die Figur in eine bestimmte Form pressen zu wollen. Es tut nichts zur Sache, ob Ihrer Meinung nach die Figur auf eine bestimmte Weise handeln müsste, um Ihren Lesern zu gefallen oder als Vorbild zu dienen. PFUI. Dreimal draufgespuckt.

Haben Sie schon mal einem Freund versucht vorzuschreiben, wie er sich zu verhalten hat, damit Sie ihn mögen? Sie sollten es nicht versuchen. Mit der Figur in Ihrer Geschichte verhält es sich genauso. Sie wird Ihnen einen Vogel zeigen und wird Ihnen erklären, dass Ihre penetrante, besserwisserische Art sie schon immer verletzt hat und dass es für sie an der Zeit ist, mit Menschen Zeit zu verbringen, die sie atmen und leben lassen. Also: Nähern Sie sich Ihrer Figur behutsam. Stellen Sie keine allzu unangenehmen Fragen. Sie müssen erst das Vertrauen der Figur gewinnen. Wenn Sie beide sich

Zeit lassen und nichts überstürzen, wird der Moment kommen, an dem Sie gemeinsam nachts am Küchentisch sitzen, vielleicht bei einem Glas Rotwein, und die geheimsten Geschichten wie von allein zu Papier fließen. Die schlimmsten Verletzungen, Wünsche, Sehnsüchte, Begierden, Unfälle, Schicksalsschläge, aber auch die Lieblingsfarbe, das größte Glück, die bevorzugte Jahreszeit, all das und noch viel mehr, wird sie Ihnen erzählen und Sie werden dasitzen und zuhören und aufschreiben, Seite um Seite.

Okay. Die Klugen unter Ihnen höre ich jetzt sagen: „Das ist doch ein Taschenspielertrick, ich erfinde eine Figur, rede mir aber ein, sie würde bereits existieren und ich müsste sie nur noch kennenlernen." Jipp. Sie sind wirklich klug. Deswegen verrate ich Ihnen jetzt auch etwas: Vielleicht ist es ein Taschenspielertrick. Aber es ist einer, der funktioniert. Geschichten schreiben ist die Kunst, ausgedachten Figuren zu begegnen, als wären es echte Menschen.

Also los! Probieren Sie es aus!

Denken Sie sich eine Figur aus und führen Sie mit Ihr ein Interview. Fangen sie mit unverfänglichen Fragen an („Woher kommen Sie?", „Erzählen Sie uns etwas über die Weihnachtsbräuche in Ihrer Familie." und „Was ist Ihre Lieblingsfarbe?") und steigern Sie sich bis hin zu den Fragen, die Sie am allermeisten und brennendsten interessieren. Stellen Sie dann vor allem die Fragen, die

Ihnen selbst unangenehm sind und schreiben Sie alle Antworten der Figur auf. Sie werden staunen, was Sie alles herausfinden.

Schreibpartner

Ohne meinen Schreibpartner (zeitweilig waren es mehrere) wäre es mir niemals möglich gewesen, ein Buch zu veröffentlichen. Wir haben uns gegenseitig angespornt, ermutigt, kritisiert, ausgetauscht und vor allem: Wir haben gemeinsam geschrieben. Im wortwörtlichen Sinne. Wir haben uns getroffen, an einen Tisch gesetzt und gleichzeitig geschrieben. Oft war es so, dass wir uns gemeinsame Schreibaufgaben ausgedacht haben, zu denen dann jeder einen eigenen Text verfasst hat. Manchmal habe ich mir eine Schreibaufgabe für meinen Schreibpartner überlegt und er für mich.

DAS SCHREIBEN, DAS JA ANGEBLICH IMMER SO EINE EINSAME BESCHÄFTIGUNG IST, IST UNS ZUM GEMEINSCHAFTSERLEBNIS GEWORDEN.

Weil ich so dankbar für meine(n) Schreibpartner bin, möchte ich im kommenden Kapitel einen Gastbeitrag von David Hermann abdrucken.

Treffen Sie sich mit anderen zum Schreiben. Gemeinsam gedeiht die Kreativität besser.

Es macht Spaß. Schreiben Sie und lesen Sie sich gegenseitig Ihre Texte vor. Miteinander Schreibaufgaben ausdenken und bearbeiten ist ebenfalls sehr gewinnbringend. Suchen Sie sich einen Schreibpartner.

Konfliktbriefbügeln

Den Kragen von unten. Immer von außen nach innen. Anschließend noch von oben. Wieder von außen nach innen. John bügelte sein Hemd präzise. Vielleicht etwas zu präzise. Zumindest dauerte es ihm entschieden zu lang.

Eigentlich hatte er vorgehabt, einen langen Brief an seine Freundin Sandra zu schreiben, doch irgendwie waren ihm nicht die rechten Worten eingefallen. Also hatte er sich den Korb ungebügelter Wäsche geschnappt, in der Hoffnung, bei dieser stupiden Arbeit irgendwann eine Art Erleuchtung zu bekommen. Normalerweise spazierte er auf der Suche nach Lösungen immer durch den Wald, aber er hatte erst kürzlich in einem Schreibratgeber gelesen, dass man beim Bügeln die besten Ideen bekommt. Und so kam es, dass John sich mit Hemden, Shirts und Hosen begnügte.

Beim Ärmel zuerst die Knöpfe öffnen, dann die Manschetten wieder von außen nach innen bügeln. Anschließend den Ärmel entlang der Naht von oben und von unten, dann die gleiche Prozedur beim anderen Ärmel. Knopf auf, Manschette glattstreichen, „die Sache mit Celine erklären“.

John zuckte leicht zusammen, so heftig hatte ihn die Erkenntnis getroffen, er müsste Sandra nur seine Beziehung zu Celine erklären. Bestimmt würde sie dann verstehen, wieso er fortziehen musste. John ließ das Dampfbügeleisen auf dem Hemd stehen und ging zum Telefon. Gerade als er danach griff, fiel ihm das Bügeleisen auf dem teuren Hemd ein. Er ließ das Telefon links liegen und eilte zurück zum Bügelbrett. Gerade noch rechtzeitig.

Er bügelte weiter. Er hatte ja ohnehin vor, Sandy einen Brief zu schreiben. So etwas konnte man nicht am Telefon erklären. Also bügelte er jetzt erst einmal weiter. Beim nächsten Teil – Gott sei Dank nur ein T-Shirt – kam ihm ein weiterer Gedanke: Er hatte einfach umziehen müssen, mal einen Tapetenwechsel gebraucht. Dass dieses Bedürfnis mit Sandras Trennung von ihrem langjährigen Partner Peter zusammengefallen war, konnte man ihm ja wohl nicht anhängen. Und hatte Celine nicht auch gesagt, sie könne nicht mehr die Kraft aufbringen, „all die Tränen zu ertragen"? John war sich ziemlich sicher, dass das ihre exakten Worte gewesen waren.

Er faltete das T-Shirt zusammen. Linker Ärmel, rechter Ärmel und dann zweimal umschlagen. Wie hieß noch gleich diese TV-Show mit dem Spinner, der hierfür ein Faltbrett benutzte? „The big bang theory". Einen großen Knall hatte es gegeben. Über Sandra waren ja immerhin gleich drei Welten auf einmal zerbrochen. Dessen wurde sich John erst jetzt so richtig bewusst, als er einsam in seiner Wohnung stand und seine Wäsche bügelte. Nicht in ihrer Wohnung und nicht ihre Wäsche. Celine war ebenfalls schon wieder Geschichte.

„Weiß Sandy das?", fragte er sich und als er das

nächste Hemd – das hatte Sandra ihm einmal geschenkt – aus dem Korb nahm, dachte er: „Klar weiß sie Bescheid." Sandra wusste immer alles über ihn. Ebenso, wie er immer alles über sie gewusst hatte. Genau das hatte sie ja so zusammengeschweißt. Aber stimmte das überhaupt noch? John grübelte eine Weile vor sich hin, während er mit dem Bügeleisen den Kragen entlangfuhr. Es war ein Button-down-Kragen, weshalb er zunächst die Knöpfe aus den winzigen Knopflöchern pulen musste. „Ich weiß nichts mehr über Sandra. Hat sie vielleicht sogar wieder einen Freund?", fragte er sich und als er dazu überging den linken Ärmel zu bügeln (immer zuerst den linken), wurde ihm klar, dass sein Bedürfnis, Sandra seine Seite der Geschichte in einem Brief zu erzählen, wohl eher aus seiner Einsamkeit entsprungen war, als aus dem Gefühl, er sei es seiner ehemals besten Freundin schuldig.

John empfand auf einmal so etwas wie Stolz dafür, dass er seine Gedanken zunächst beim Bügeln sortierte, bevor er den Brief an Sandra verfasste. Das klappte viel besser als beim Spaziergang durch den vermoderten Wald hinter seinem Haus. Und er war gleichzeitig noch produktiv. Wenn er eins von seinem Vater und seinen Lehrern und der Gesellschaft und dem Leben gelernt hatte, dann, dass es nur darauf kam, produktiv zu sein. John war produktiv. Er fuhr mit dem Bügeleisen über den feinen Stoff, fast fühlte es sich an, als flöge das Eisen über das Hemd. Zuletzt glitt er noch über die Reihe Knopflöcher, knöpfte den

Kragen wieder zu und hängte das Hemd über einen Kleiderbügel. Nächstes Stück, nächstes Problem. So produktiv. John bügelte nicht nur seine Wäsche, nein: Er bügelte sein ganzes Leben. So produktiv. Er hatte sich halt frisch in Celine verliebt. Und sie in ihn. Oh, wie verrückt sie nach einander gewesen waren. Da war es nur logisch gewesen, dass Celine seine Übersprunghandlung mitgetragen hatte und gemeinsam mit ihm umgezogen war. Ein rational denkender Beobachter hätte vermutlich geäußert, dass ein Zusammenziehen nach drei Monaten ein wenig übereilt war, doch weder John noch Celine hatten was für Rationalität übriggehabt. Nur Verliebtheit und Verlangen. Keine Produktivität.

Als John mit dem übernächsten Teil fertig war – mittlerweile hatte er sich so in Rage gebügelt, dass er mit dem Grübeln kaum hinterherkam – war er sich darüber im Klaren, dass Celine wohl den größten Teil der Schuld trug. Falls man überhaupt von Schuld sprechen konnte. Mein Gott, Sandra ist eine erwachsene Frau, die sich selbst Hilfe suchen kann oder wenigstens mal den Mund aufmachen und sagen kann, wenn sie ein Problem damit hat, dass sie auf einmal von allen – der ganzen verdammten Welt – allein gelassen wird. Aber stattdessen hatte sie John vier Wochen lang jeden Abend die Ohren voll geheult. Und Celine? Die hatte es geschafft, immer rechtzeitig einen Termin im Fitnesscenter zu haben. Mein Gott, hatte sie in dieser Zeit viele Fitnessstunden genommen. Und da John, der mittlerweile beim vorletzten Teil – einem Shirt mit der Aufschrift „Freeclimber" – angekommen war, einfach nicht den Mund hatte halten können, hatte er irgendwann bemerkt, dass man von all dem Training nichts sehe, sondern eher das Gegenteil. Und Schwupps (John zog den Stecker aus der Steckdose und bügelte das letzte Teil so) hatte Celine die Schnauze voll von ihm und er war zu stolz gewesen, seinerseits Sandra anzurufen und ihr die Ohren vollzuheulen.

John legte auch das letzte Stück zusammen, dann stellte er das Bügelbrett zurück ins Arbeitszimmer. Anschließend setzte er sich an seinen Schreibtisch, nahm ein Blatt Papier (ein ziemlich teures) und schrieb den Satz, den er sich in der letzten Stunde zurechtgelegt hatte: „Frag Celine."

Er faltete das Blatt vorsichtig, so dass es in den Umschlag passte und strich noch die Kanten glatt. Sie sahen aus wie perfekte Bügelfalten in einer Anzugshose. John hoffte, dass es keine bösen Bügelfalten in einem Hemd waren, die ihm hin und wieder unterliefen. Dann steckte er den Brief in den Umschlag und klebte ihn zu.

David Hermann

Schreibratgeber

Wenn Sie mit Schreiben anfangen oder Ihre Schreibtätigkeit vertiefen wollen, empfehle ich Ihnen Schreibratgeber. Man kann zwar auch der Ansicht sein, nur aus der eigenen Intuition schreiben zu wollen, aber davon halte ich nichts. Oder anders gesagt:

EINIGE SCHREIBRATGEBER HABEN MIR ENORM GEHOLFEN, BEIM SCHREIBEN MEINER INTUITION ZU VERTRAUEN.

An erster Stelle ist hier *Schreiben in Cafés* von Natalie Goldberg zu nennen. Wenn ich in diesem Buch zehn Minuten lese, habe ich fast immer Lust, selbst etwas zu schreiben. Goldbergs Ansatz ist es, alles aufzuschreiben, was einem gerade einfällt. Ganz simpel. Manchmal mögen einem ihre Formulierungen etwas abgehoben oder esoterisch vorkommen, aber der Inhalt ist sehr ermutigend und macht Lust aufs Schreiben.

Wer es gerne etwas bodenständiger mag, dem empfehle ich *Über das Leben und das Schreiben* von Stephen King. Keine Angst, Sie müssen seine Bücher weder lieben noch kennen, um seinen

Schreibratgeber mit großem Gewinn lesen zu können. Er schildert anhand seiner eigenen Biographie, wie der Weg zum Schreiben aussehen kann und welche Probleme dabei überwunden werden müssen. Außerdem gibt er handwerkliche Tipps, die einem vor allem beim Überarbeiten eigener Texte sehr helfen können.

Wenn Sie vorhaben, eine ausführliche Erzählung oder einen Roman zu verfassen, dann lege ich Ihnen *Ein Roman in einem Jahr* von Louise Doughty ans Herz. Dieses Buch hat mein Leben verändert, denn ohne es hätte ich *Wir nennen es träumen* nicht geschrieben. Es ist in 52 Kapitel unterteilt, jedes zweite Kapitel beinhaltet eine konkrete Schreibaufgabe, für die man dann zwei Wochen Zeit hat, um sie zu erledigen. Die Aufgaben sind so aufgebaut, dass man beginnend mit autobiographischen Schreibübungen zunächst Ideen sammelt. Ausgehend von dieser Ideensammlung werden dann Themen wie „Figurenentwicklung", „Handlung", „Konflikt", „Dialog" und „Schluss" erklärt und mit Übungen untermauert. Ich habe mich an diesen Aufgaben entlanggehangelt, sie fast alle bearbeitet und bin so Schritt für Schritt meiner ersten Rohfassung von *Wir nennen es träumen* nähergekommen.

Wer von allem ein bisschen haben möchte, dem empfehle ich *Leben Schreiben Atmen* von Doris Dörrie. Ähnlich wie King erzählt sie, wie sie zur Schriftstellerin geworden ist. Jedes Kapitel endet mit einer Schreibanregung. Ihr Ansatz ist es ebenfalls, wie bei Goldberg, durch das Schreiben das eigene Unterbewusstsein zu beackern und die Geschichten, Bilder, Wünsche, die man dabei zu Tage fördert, für das eigene Schreiben fruchtbar zu machen.

Übrigens: Manche Autoren verstecken ihre Tipps und Geheimnisse zum Schreiben auch in den Vor- oder Nachworten ihrer Bücher oder thematisieren Sie in Erzählungen.

Schreiben Sie und setzen Sie sich mit dem Schreiben als Tätigkeit auseinander. Dafür müssen Sie nicht unbedingt Geld ausgeben und sich einen Schreibratgeber kaufen. Stadtbüchereien freuen sich immer über regen Zuspruch. Außerdem finden Sie im Internet viele Schreibtutorials. Schreiben Sie auf, was sie übers Schreiben denken und tauschen Sie sich mit anderen darüber aus.

Rechtschreibung

Wenn Sie den Impuls verspüren, mehr schreiben zu wollen, achten Sie auch mal darauf, was Sie bisher vom Schreiben abgehalten hat. Vielleicht sind es ja mangelnde Rechtschreib- und Grammatikkenntnisse. Vielleicht denken Sie beim Thema „Schreiben" vor allem an mit Rotstift übersäte Deutscharbeiten. Lassen Sie sich davon nicht abhalten. Das ist es nicht wert. Wenn Sie schreiben wollen, dann schreiben Sie, egal was Ihr Deutschlehrer dazu sagen würde. Er bekommt es ja nicht mit. Aber verschließen Sie sich auch nicht davor, etwas dazuzulernen. Steven King sagt ganz deutlich, dass die Grammatik das fundamentale Handwerkszeug eines Schriftstellers ist. Umso besser Sie verstehen, wie die Sprache, die Sie verwenden, funktioniert, desto besser und desto verständlicher können Sie schreiben.

Denn das ist ja die eigentliche Funktion all dieser Regeln, die uns scheinbar gängeln und quälen wollen: Weil wir die gleichen Vokabeln und Satzbauregeln verwenden, können wir uns mit Menschen verständigen, die wir noch nie zuvor gesehen haben. Eigentlich grenzt das an ein Wunder, ist letztlich aber ein völlig technischer Akt.

Ein Freund von mir hat sein erstes Buch vor mir veröffentlicht. Während der Schulzeit habe ich ihn nie als Schreiber wahrgenommen und er sich glaube ich auch nicht. Wir besuchten gemeinsam den Mathe-

Leistungskurs und das Einzige, was ich von ihm nach zehn Jahren noch in Erinnerung hatte, waren sein Humor und seine liebevolle Art mit Menschen umzugehen. (Beides übrigens eine hervorragende Voraussetzung, um Bücher zu schreiben.) Als ich dann sein Buch gelesen hatte, trafen wir uns und kamen irgendwie auch auf das Thema Rechtschreibung. Ich gestand voller Scham, dass ich da selbst oft unsicher sei. (Obwohl ich es ja allein von Berufs wegen nicht sein dürfte.) Er sagte: „Ja, so ging mir das auch erst, aber ich habe mir dann bewusst ein paar Sachen angeschaut, bei denen ich immer wieder unsicher war und dann ist es mir eigentlich auch klar geworden.“ Das ist jetzt kein großes Geheimnis, aber es ist doch ermutigend, dass man auch Rechtschreibung noch lernen kann, wenn man schon lange aus der Schule draußen ist.

Als wir mit der kirchlichen Reisegruppe in Tansania waren, mussten wir uns in jeder Gemeinde, die wir besuchten, vorstellen. Eine der Reiseteilnehmerinnen hatte große Schwierigkeiten mit der englischen Sprache (Kisuaheli konnte niemand von uns) und war deshalb vor jeder Vorstellungsrunde sehr unsicher. Wenn Sie dann aber aufstand und loslegte, ihre paar Brocken Englisch auspackte, sie mit Händen und Füßen und dem Strahlen in ihrem Gesicht unterfütterte, dann freuten sich alle und verstanden: Diese Frau ist gerne hier und liebt, was sie tut und will mit uns in Kontakt treten. Wenn Sie mit dieser Einstellung und

Herzenswärme an Ihre Texte herangehen, ist es völlig egal, wie Sie Ihre Kommata setzen: Es wird Sie jeder verstehen.

Einen anderen Freund fragte ich übrigens, warum er so gut in Rechtschreibung sei. Seine Antwort: „Ich habe viel gelesen und da prägt man sich mit der Zeit die richtige Schreibweise eben ein."

Ich möchte mich nicht davor drücken, Ihnen ein paar konkrete Hinweise zu geben, wie Sie an Ihrer sprachlichen Ausdrucksfähigkeit feilen können:

Schreiben Sie Sätze, die Sie selbst gut überschauen und verstehen können. Verzichten Sie dementsprechend auf übermäßig verschachtelte Satzbaukonstruktionen.

Wenn es ans Überarbeiten geht, sollten Sie fleißig sein: Schlagen Sie nun jedes Wort nach, bei dem Sie sich unsicher sind, wie es geschrieben wird.

Achten Sie beim Lesen fremder Texte auf die Worte, die Sie nachgeschlagen haben. Je häufiger Sie das machen, desto sicherer werden Sie bei der Verwendung dieser Begriffe.

Meine Erfahrungen haben gezeigt, dass das Abschreiben von Texten per Hand, mein eigenes Schreiben verbessert. Wenn Sie das zwei Wochen lang jeden Tag für zehn Minuten praktizieren, wird sich ihre Schreibfähigkeit verbessern.

Kleidung & Gestaltung

Zum Bügeln braucht man ein Bügeleisen, Strom, eine Bügelfläche und Wäsche, die man bügeln will. Man braucht Zeit, Kraft, Geduld. Manche hören beim Bügeln Podcasts oder Hörbücher, andere schauen Serien.

Immer wieder frage ich mich, ob das mit dem Bügeln wirklich sein muss. Wir könnten nackt rumlaufen oder zumindest mit ungebügelter Wäsche. Zugegeben, es wäre erstmal komisch, wenn der Mann am Bankschalter in einem krumpeligen Hemd vor mir stehen oder gar eine gemütliche Sweatjacke tragen würde. (Wenn man Sweatjacken nach dem Waschen gleich aufhängt, kann man sich das Bügeln sparen.)

Bei Klamotten, die sich schlecht bügeln lassen, ärgere ich mich, dass wir sie überhaupt gekauft haben. Außerdem freue ich mich immer, wenn ich ein fairgehandeltes Kleidungsstück in der Hand halte. Beim nächsten Einkauf achte ich dann oft trotzdem nicht drauf oder habe nicht genug Geld, um mir solche Kleidung kaufen zu können.

Auch weiß ich nicht, was man mit alter Kleidung machen soll. Wegschmeißen, verkaufen, verschenken. Das sind die drei Möglichkeiten, die mir einfallen. Ich glaube, in Bezug auf unsere Umwelt, ist es wichtig, auf die Klamotten zu achten, die wir tragen: Viel, immer neu und billig sind da sicherlich nicht die richtigen Weichenstellungen. Eher: Fair, ökologisch nachhaltig, Second Hand, Abgelegtes tragen, Wertschätzung, Upcycling. Ein Freundin von mir näht zum Beispiel aus alten T-Shirts eine Sofadecke und stellt Taschen aus alten Hosen her.

ABER WARUM TRAGEN WIR HIER, IN EINEM DER REICHSTEN LÄNDER DER WELT, KLAMOTTEN, DIE IN DEN ÄRMSTEN LÄNDERN DER WELT HERGESTELLT WORDEN SIND?

Weil es uns egal ist, wie es den Menschen dort geht, weil wir beim Kauf meist nach Aussehen und Preis entscheiden und weil wir es uns (scheinbar) leisten können. Was würde passieren, wenn alle, die dieses Buch lesen, nie wieder ein billiges Teil aus Kambodscha oder Bangladesch kaufen? Dann würden einige (nicht viele), anfangen, bewusster über die Klamotten, die sie tragen, nachzudenken, sie würden sich Teile kaufen, die sie mögen, die sie lange tragen wollen, weil sie bequem sind und gut zu ihnen passen und sie würden darauf achten, dass sie unter Bedingungen hergestellt wurden, mit denen die Produzenten leben können.

Es mag ja sein, dass manch eine Reaktion auf den Klimawandel hysterisch erscheint und es kann sogar sein, dass da Panik gemacht wird, wo Besonnenheit angemessen wäre. Aber was kann es denn schaden, mit der Umwelt wieder mehr im Einklang zu leben? Also: Mehr zu Fuß, weniger mit dem Auto; mehr mit Menschen reden, die sowieso in meiner Nähe sind, weniger chatten; mehr Urlaub in Mainz, weniger auf Mallorca; weniger neu kaufen, mehr das nutzen, was man sowieso schon hat.

Ich habe mich in Tansania oft für meinen Reichtum geschämt, obwohl die anderen und auch ich selbst versuchten, mich zu beruhigen.

Während ich diesen Text schreibe, sitze ich in meinem Garten, schaue auf den Zaun, der unser Grundstück von denen der anderen abgrenzt, beobachte den Nachbarn, wie er den Müll zur Tonne bringt und sehe mit einem Blick sieben Autos an der Straße stehen, im Wert von mehreren Zehntausend Euro. Ein junger Mann, den ich in Tansania kennengelernt habe, würde gerne nach Deutschland kommen. Das hat er mir gesagt. Das Geld für Flug und Visum kann er aber nicht aufbringen, weil er, trotz abgeschlossenem Hochschulstudium als Oberstufenlehrer für Naturwissenschaften, keine Anstellung findet. Er ist nicht der Einzige, der mir solch eine Situation geschildert hat.

Stellen Sie sich beim nächsten Klamottenkauf doch einmal die Frage, wie es wohl dem Menschen geht, der dieses Teil zusammengenäht hat. Oder schreiben Sie dem Kleidungshersteller eine Mail und fragen ihn, ob er seine Näherinnen und Näher gut bezahlt.

Veröffentlichen

Schreiben ist ein Prozess, bei dem Inneres nach außen getragen wird. Sie werden feststellen, dass in all Ihren Texten – seien es Geschichten, Gedichte oder Briefe – Gedanken und Gefühle von Ihnen enthalten sind. Halten Sie sich das vor Augen, wenn Sie ans Veröffentlichen Ihrer Texte denken.

Veröffentlichen ist für das Schreiben wichtig. Es kommt Luft an das Geschriebene. Das ist wichtig, damit man sich weiterentwickelt. Damit meine ich nicht nur die Rückmeldungen, die man von anderen bekommt.

Es geht um den Mut, den man braucht, um seine Texte fremden Augen auszusetzen.

Beim Schreiben von *Wir nennen es träumen* ist mir das ganz deutlich aufgefallen. Jedes Mal, wenn ich die aktuelle Fassung des Textes jemandem zum Lesen gegeben habe, habe ich ihn kurz darauf komplett überarbeitet.

Es gibt aber auch Texte, die nicht für die Veröffentlichung bestimmt sind. Alles, was ich in mein Tagebuch schreibe, ist zunächst nur für mich bestimmt.

Wenn ich etwas aufschreibe, mache ich mich ja ohnehin verletzlich und angreifbar. Wenn ich etwas veröffentliche, meine Texte anderen sichtbar und zugänglich mache, wird dieser Effekt noch verstärkt. Das erfordert nicht nur Mut, sondern auch Klugheit. Auf das richtige Maß kommt es an. Eine ehemalige Arbeitskollegin hat mir vor einigen Jahren den wichtigen Tipp gegeben, ich solle „nicht bloß für die Schublade" schreiben. Die folgende Geschichte *Der Würfel* habe ich, in etwas abgewandelter Form, erstmals in der Schülerzeitung *Reichweinkultur* veröffentlicht. Sie steht stellvertretend für den Gedanken des Veröffentlichens.

Finden Sie ein Bild für Ihr Inneres und schreiben Sie eine Geschichte darüber. Was passiert, wenn das Innere mit dem Äußeren in Berührung kommt? Wovor haben Sie Angst, worauf freuen Sie sich, wenn andere erfahren, wie es in Ihnen aussieht? Zeigen Sie Ihre Texte zunächst Menschen, denen Sie vertrauen und die es gut mit Ihnen meinen und werden Sie dann langsam mutiger.

Der Würfel

Es war ein Dienstag vor etlichen Jahren, vielleicht war es 1997 oder 1998, als ein Schüler meines Schreibkurses mich fragte, warum er seine Texte veröffentlichen solle. „Warum reicht es nicht, für mich selbst zu schreiben?“, wollte er wissen. Neunzig Minuten lang hatten wir angeregt in der Gruppe über dieses Thema diskutiert. Ich mochte den Schüler sehr. Er war gewillt, sein ganzes Herz in jeden seiner Texte zu legen. Vielleicht schien es ihm gerade deswegen zu riskant, seine Texte einer breiteren Öffentlichkeit zugänglich zu machen. Ich dachte kurz nach und erzählte ihm die folgende Geschichte:

Vor gar nicht langer Zeit, aber in einem uns unbekannten Land, hockte ein Junge auf einem Hocker. Den Kopf hatte er zwischen die Knie gesteckt, die Hände um die Füße geschlungen. Er saß in der Mitte eines Raumes mit einer spärlichen Glühbirne an der Decke als einziger Beleuchtung. Der Raum war quadratisch, völlig unmöbliert, kahl, wie ein Gefängnis. Eine Tür führte nicht nach draußen, ein kleines Fensterchen war die einzige Verbindung zur Außenwelt. Die Außenwelt mochte der Junge nicht. Er mochte die lauten Stimmen nicht, das Geschrei nicht, die schwarze Leere schon gar nicht, die Landstreicher und Aufständischen auch nicht, auch nicht die Soldaten und nicht die unfähigen

Minister, nicht die Kriege und nicht das gleißende Licht, die Lehrer schon gar nicht, denn sie waren Schwätzer.

Deswegen war er eigentlich ganz glücklich, hockend auf seinem Hocker.

Ein Mann ging an einem Würfel vorbei, grau, etwa fünf Meter breit, hoch und tief. Im Würfel keine Tür, nur ein winziges Fensterchen. Der Mann sah herein und entdeckte einen Jungen, hockend auf einem Hocker, den Kopf zwischen die Beine gesteckt, als wolle er die Welt nicht sehen. Ach ja, die Welt, sie gefiel dem Mann, sie mochte er, wie ein Verliebter sein Mädchen mag. Es kribbelte in seinem Bauch, wenn er die Welt sah. Mit großen Schritten ging er durch sie hindurch, grüßte hier und winkte dort und die Welt grüßte zurück. Sie mochte ihn, so wie eine Mutter ihre Kinder mag.

Der Mann schlug das Fensterchen ein, es knackte, die Scheibe zersprang, er zuckte zurück.

Der Junge schrie. Er stand auf. Nun stand er auf seinem Höckerchen. Winzig klein erschien es ihm. Er fuchtelte wild mit den untrainierten Armen. Die Augen waren verklebt vom langen Geschlossenhalten. Er hatte ja nie etwas sehen wollen, hatte stets nur glücklich hocken wollen.

„Junge", rief der Mann, der es sofort bereute, das Fenster geöffnet zu haben. Ihm fiel nichts ein, außer „Junge", denn vor lauter winken und gewinkt bekommen, mögen und gemocht werden, laufen und gelaufen werden, hatte er das richtige Reden verlernt. „Junge", war das einzige Wort, das ihm einfiel und zugleich sah der Mann sich, vor seinem inneren Auge, in einer kurzen Hose, vor einem Apfelbaum, genüsslich kauend, ein Knie aufgeschlagen. Er spürte vergangenes Glück. Und der Junge tat ihm leid. Er streckte seine Hand durch das Fenster und verletzte sich dabei am scharfen Rand des Glases. Blut tropfte in den Würfel.

Der Junge war nun ruhig, aber starr vor Schreck. Was sollte er tun? Fieberhaft dachte es in ihm. Das Licht flackerte, die Augen waren nun schwach geöffnet. Die Welt war eingedrungen, sie reichte ihm blutend die Hand. Sollte er sie ergreifen? Stimmen drangen in sein Ohr, in das Hirn, in sein Blut, ja im Blut spürte er die Stimmen und er wollte sie loswerden, auskotzen, aber erbarmungslos streckte die Welt ihm die Hand hin.

Der Mann fühlte Mitleid, mehr für seine blutende Hand als für den kleinen Jungen, aber er behielt seine Hand in der Öffnung. Er wollte dem Jungen helfen. Sein Stolz hatte ihn gepackt. Seine Hand schmerzte, aber wenigstens diesen kleinen Jungen wollte er aus seinem engen Würfel retten.

„Geh weg", schrie der Junge die Hand an und „Junge", hallte es von der Wand zurück. „Du bist mein Verderben. Du bist mein Weg zur Welt. Ich will dich nicht.“, schrie der Junge und hielt inne. „Ich habe Angst vor dir.“ – „Junge“, säuselte die Wand. „Junge“, bedrohte sie ihn. „Jung…“, weiter kam die Welt nicht, denn der Junge drosch mit seinem Hocker auf die Welt ein.

Der Schmerz war furchtbar, aber der Mann blieb standhaft. Er würde den Jungen nun retten, ob dieser wollte oder nicht. Er würde seinen Willen brechen. Ein ums andere Mal flog der Hocker gegen die Hand, ein Finger nach dem anderen brach, der Junge drosch auf ihn ein und der Mann hielt es aus.

Beim achtundzwanzigsten Schlag schlug der Junge daneben. Blind vor Wut traf er die Hand nicht mehr, nicht einmal das winzige Fensterchen, durch welches die Welt die Hand reichte. Er traf die Wand. Und zerriss sie. Sie war aus Papier. Der Junge verlor sein Gleichgewicht. Er fiel nach draußen. Sein Herz schlug wild. Er war in der Welt. Der Mann staunte nicht schlecht. Das würde ihm niemand glauben. Aber irgendwie war er auch froh. Er schaute zu dem Jungen hinunter. Und der schaute erwartungsvoll zu ihm herauf. Zum ersten Mal in seinem Leben fühlte er sich richtig erwachsen.

Der Schüler kritzelte gedankenverloren in seinem Notizbuch, bedankte sich höflich und schaute mir direkt in die Augen: „Sie schreiben also immer nur über sich selbst? Das finde ich armselig.“ Ich schluckte, er verschwand. Bis heute haben wir uns nicht mehr gesehen. Aber ich verfolge regelmäßig seinen Blog. Er hat ihn „The Cube“ genannt.

Vorzeigbares

Ich liebe es zu bügeln. Wenn das T-Shirt vor mir all seine Falten verliert, weil ich mit dem Eisen über es fahre, dann fühle ich mich wohl. Das ist mein Handwerk. Das kann ich gut. Wenn ich bügle, bin ich ganz bei mir selbst, weil ich fühle, dass ich eine sinnvolle Beschäftigung ausführe, von der ich weiß, dass sie anderen und mir selbst einen Nutzen bringt: Meine Familie und ich, wir können gebügelte Kleidung tragen. Diese Personen stehen mir sehr nahe. Sie sind kein abstrakter Wert, keine Fremden. Sie kann ich jeden Tag sehen und mit ihnen die Kleidung, die ich gebügelt habe. Wenn ich eine Klassenarbeit korrigiere, weiß ich nie, ob der Schüler aus dem Fehler, den ich ihm gerade angestrichen habe, jemals etwas lernen wird. Beim Bügeln sehe ich: Das T-Shirt war vorher krumpelig, jetzt ist es glatt.

Das hat mir schon beim Schreiben meiner Hausarbeiten während des Studiums unendlich geholfen. Manchmal habe ich einen Tag lang nur gelesen. Oder Sachen geschrieben, von denen ich nicht wusste, ob sie gut waren. Oder gegrübelt. Dann hat es mir gutgetan, das Bügelbrett aufzustellen (wenn es nicht schon stand), das Bügeleisen einzuschalten und zu bügeln. Teil für Teil. Hosen, T-Shirts, Pullover. Und zu sehen, wie der eine Berg größer und der andere kleiner wird. Zu spüren, wie die Zufriedenheit steigt. Ja, ich glaube, es gab Tage, da habe ich meine Daseinsberechtigung aus dem Bügeln bezogen. Das mag absurd klingen. Aber unsere Gesellschaft ist auf Produktivität ausgelegt. Und wenn meine Frau den ganzen Tag arbeiten war, während ich „nur“ über meinen Hausarbeiten brütete (Romantik, mittelalterliche Literatur, Bergpredigt oder Ähnliches), war es mir wichtig, abends etwas Vorzeigbares aufweisen zu können. „Schau da, das habe ich alles gebügelt.“ Ob ihr das wichtig war, weiß ich nicht. Aber für mich war es wichtig. Und es hat mir den Mut gegeben, weiter an meinen Hausarbeiten zu schreiben. Denn wenn ich bei der Bügelwäsche etwas Vorzeigbares hinbekomme, wird es mir beim Schreiben auch gelingen.

Versteifen Sie sich nicht aufs Schreiben. Widmen Sie sich doch heute einmal bewusst einer Aufgabe, die schon lange liegengeblieben ist.

Verluste

Der Tisch ist noch nicht aufgeräumt, die Wäsche noch nicht aufgehängt. Die Kirchturmglocken läuten um zwei Uhr, anscheinend ist wieder einer gestorben. Wieder Schreck und Traurigkeit. Unerfüllte Hoffnungen treten offen zu Tage. Man muss sehen, wie es weitergeht und man sieht: Es geht weiter. Immer. Unerbittlich. Manchmal recht schön, manchmal eher schaurig.

Auf der Beerdigung: Anteilnahme, endlich mal wieder Zeit füreinander. Sensibilität für die wichtigen Fragen. Nachdenklichkeit und Offenheit wie beim Blick in den Sternenhimmel.

Beim Beerdigungskaffee: Anfängliche Betroffenheit, bis alle ihren Kuchen haben. Dann bald auch schon wieder Gespräche über Belangloses: Politik, Wetter, Urlaub. Man lebt. Und ist froh darüber.

Aber: Für ein paar Wenige bleibt es anders: Die sogenannten „engsten Angehörigen“. Ihnen fehlt der Verstorbene wirklich, weil er ihnen etwas bedeutet. Im Guten, wie im Schlechten. Gemeinsame Zeit, Vertrauen, Glück. Aber auch: Missmut und Streitereien. Alles weg. Alles fehlt. Selbst der Fußgestank. Vor allem der. Seitdem: Alles leer. Nie wieder das Klappen der Autotür, Rascheln der Schlüssel, zur Begrüßung vielleicht ein Küsschen. Der Tod ist nichts Schönes, so allgegenwärtig er auch sein mag. Und massenhaft reproduzierbar. Jeder und jede ist in der Lage, ihn herzustellen. Und manche tun es. Mutwillig. Boshaft. Dann sind die Fragen noch größer. Was soll das? Wie kann man nur? Warum? Klar. Warum? Als gäbe es eine schlüssige Antwort auf diese Frage, wenn in Japan ein Atomreaktor in die Luft fliegt oder ein wildfremder Mann ein Kind vor einen Zug schubst.

Manchmal erscheint mir dann alles sinnlos und alles Schöne blass, wenn ich solche Nachrichten an mich heranlasse. Und doch wieder: Glück gehabt. Es ist nicht mir passiert und keinem, den ich kenne, der mir wichtig ist, dem ich nahestehe. Also: Zwei Stunden Grübeln, Mund abwischen, weiterbügeln. Hoffen und beten, dass ich auch weiterhin verschont bleibe. Ich und mein kleines Glück. Also: Unglück immer mal wieder an mich heranlassen, in kleinen Dosen und für kurze Zeit. Dann: Weitermachen. Irgendwas. Egal. Hauptsache nicht zu viel fühlen. Nicht zu verletzlich zeigen. Bloß nicht. Oder? Vielleicht wird wirklich stärker, wer Leid an sich heranlässt.

Es ist gleich zwanzig nach zwei. Bald wird der Tote unter die Erde gelassen. Immerhin: Er oder sie hat sein Leben hinter sich. Ein Zustand, nach dem ich mich manchmal sehne. Ein Verstummen all der Fragen. Ende aller Unrast. Sind das Suizidgedanken? Nein. Ich liebe das Leben. Aber jede Beerdigung erinnert mich daran, dass auch ich sterben werde. Banal, aber wahr. Was bedeutet das für mich? Es bedeutet, dass ich das hier nicht ewig machen kann und dass ich Dinge, die mir wichtig sind, machen muss, bevor ich tot bin.

Warum schreibe ich all das? Weil ich mir die schlechte Laune von der Seele schreibe und weil die Worte einfach aus mir herausfließen und sich flüssig anfühlen. Schreiben ist eben nicht nur netter Zeitvertreib, es kann auch an die Substanz gehen. Soll es sogar. Schreiben ist im besten Fall ein Reich ohne Moral. Jeder Fluss darf hier fließen. Wenn das Schreiben nicht stehen bleibt, kann sich nichts aufstauen, kann es seine reinigende Wirkung entfalten. Nicht selten spüre ich tiefen Frieden beim Schreiben. So auch jetzt. Mein Wunsch ist es, etwas von diesem Frieden durch mein Leben fließen zu lassen. Durch diese Küche, in der ich sitze, durch dieses Buch, in das ich schreibe, und durch diesen Text, den Sie gerade zu Ende gelesen haben.

Schreiben Sie über Verluste. Über den Tod. Über Enttäuschungen. Über Abschiede und Trennungen. Sparen Sie beim Schreiben nichts aus.

Glück ist nicht egoistisch

Ich habe verstanden, dass es wichtig ist, glücklich zu sein. Manche Menschen halten es für egoistisch und deshalb für verwerflich, wenn man danach strebt, glücklich zu sein.

Nicht selten werden wir so erzogen, dass wir auf die anderen achten und uns um sie kümmern sollen. Das ist ja auch richtig, nur darf es nicht damit einhergehen, dass wir uns selbst für nicht wichtig erachten.

Ich habe das erst lernen müssen. Und ich glaube, dass Schreiben und Bügeln mir dabei geholfen haben. Aber warum ist das so?

Wenn ich bügle, habe ich die eine Hand am Eisen (dem Griff natürlich), die andere zuppelt am Kleidungsstück, damit es gerade liegt, beide Füße stehen fest am Boden und mein Blick ist auf das zu bügelnde Teil gerichtet. Würde ich dauerhaft woanders hinschauen, würde ich mir wahrscheinlich relativ häufig die Finger verbrennen. Während all meine Extremitäten und fast all meine Sinnesorgane also beschäftigt sind, haben mein Herz, mein Hirn, meine Ohren und mein Geschmackssinn Freigang. Herrlich.

Ich kann die Gedanken schweifen lassen.

Ich kann über etwas nachdenken, was mir selbst wichtig ist. Kann meine Gedanken dahin treiben lassen, wohin ich sie von alleine niemals geschickt hätte. Kann mir mein Leben in den buntesten Farben ausmalen, während meine Hände damit beschäftigt sind, ein Hemd zu bügeln. Keine Ablenkung durch

das Smartphone, kein zwischenzeitliches Aufräumen, kein Abarbeiten irgendwelcher To-do-Listen. Es gibt nur mich und das Bügelbrett. Natürlich höre ich die Kinder rufen. Aber: Ich bin am Bügeln. Wenn sie was wollen, sollen sie kommen. Natürlich hat meine Frau eine Frage. Aber ich erledige eine wichtige Familienaufgabe, also muss sie herkommen. Während ich bügle, gelangt mein Leben, gelange ich zum Stillstand, denn ich kann mit dem Bügelbrett und dem Eisen nicht hektisch durch die Gegend rennen und versuchen, zehn Dinge gleichzeitig zu erledigen, während ich in Gedanken die Welt rette.

Beim Schreiben ist es das gleiche. Haben Sie mal versucht, im Gehen zu schreiben? Am Smartphone vielleicht. Aber dort schreibe ich nur Kurznachrichten. Beim Schreiben sitze ich auf meinem Hintern, beide Hände an der Tastatur (wie gerade) oder eine Hand am Stift (wie meistens) und die andere schaut zu. Die Augen sind auf das Blatt gerichtet, der Geist schaut zu, was das Papier an Worten kreiert. Ja, sie halten mich jetzt vielleicht (wieder) für übergeschnappt. Aber wenn ich schreibtechnisch im Flow bin, dann diktiere ich meiner Hand nicht, was sie schreiben soll, sondern bestaune still die Spuren, die die Tinte im Heft hinterlässt.

In der Zwischenzeit hat das Telefon geklingelt, ich habe einer Freundin erklärt, wie sie die Schaumkusstorte für den Geburtstag ihrer Tochter machen kann. Macht nichts. Schreiben ist flexibel, man kann alles schreiben. Und auch das ist ein Grund, weshalb mich Schreiben glücklich macht. Ich kann mit seiner Hilfe jedes Thema meines Lebens in Angriff nehmen, so komisch es mir selbst auch vorkommen mag.

Warum habe ich jetzt aber durchs Schreiben gelernt, dass es wichtig ist, glücklich zu sein? Nun, beim Schreiben BIN ICH GLÜCKLICH. Die Betonung liegt auf allen drei Worten. ICH bin es, der glücklich ist. Ich, so wie ich bin, nicht, wie man es von mir erwartet, nicht wie ich mich gerne sehe, sondern so, wie ich tatsächlich bin, mit allem Schmodder und allen Ungereimtheiten. Ich BIN glücklich. Worauf es mir hier ankommt: Beim Schreiben BIN ich – BIN ich, ohne ein Ziel verfolgen zu müssen. Und das befreit zum GLÜCKLICH sein. Ja, es ist schön, zu sein. Dem Leistungsdruck zu entsagen. Es fließen zu lassen, den Worten dabei zuzuschauen, wie sie auf dem Papier und auf dem Bildschirm entstehen. Dem Leben dabei zusehen, wie es vergeht und entsteht. Innere Welten zu entdecken, in ihnen verreisen und alles mal ganz anders sehen. Das gelingt mir im Schreiben und hat mich, ehrlich gesagt, überrascht. Ich hatte nicht damit gerechnet, als ich vor zwanzig Jahren die ersten Worte verschämt in mein Gebetstagebüchlein schrieb. Aber es funktioniert. Bis heute. Und es überrascht mich immer wieder.

Wer einmal glücklich war, will es wieder sein. Wer einmal glücklich war, weiß, dass daran nichts Verwerfliches, nichts Egoistisches ist. Ganz im Gegenteil: Wer einmal glücklich war, weiß, wie das auf seine Mitmenschen ausstrahlt und abfärbt und wie es Ordnung und Schwung in das eigene Leben bringt, mit dem man andere Menschen aufmuntert, ermutigt, anschubst, umarmt, umgarnt. Man lacht mit den Sternen, den Mitmenschen, der Schreibtischlampe und dem Telefon und dieses Lachen ist ansteckend und es überträgt sich auf Lautsprecher, Vorhänge, Sonnenblumen und man stellt schnell fest, man ist nicht der einzige glückliche Mensch und muss es deshalb auch vor den anderen nicht verbergen. Die Welt verliert ihre Traurigkeit und Bitternis, je mehr Lebewesen sich der Fröhlichkeit hingeben, die ihnen innewohnt.

Was macht Sie glücklich? Schreiben Sie es auf. Hängen Sie sich den Text an Ihren Kühlschrank, den Badezimmerspiegel oder legen Sie ihn sich neben Ihr Bett. Schicken Sie Ihn an einen guten Freund oder eine gute

Freundin und fragen Sie, was ihn oder sie glücklich macht. Und nicht zuletzt: Halten Sie sich an das, was Sie über das Glücklich-Sein geschrieben haben.

Grußkarten

Grußkarten haben ein beschränktes Format und einen überschaubaren Umfang. Deshalb ist das Schreiben einer Grußkarte eine gute Übung, auf engem Raum das zu schreiben, was mir wichtig ist. Wenn Ihnen Oberflächliches und Floskeln wichtig sind, schreiben Sie eine Grußkarte voller oberflächlicher Floskeln. Wenn Ihnen der Mensch, dem Sie die Grußkarte schreiben, wichtig ist, schreiben Sie das. Jeder Text ist so gut, wie das Herz, das in ihm steckt. Stecken Sie Ihr Herz in den nächsten Grußkartentext, den Sie schreiben und schicken Sie die Grußkarte ab. Das ist gleichzeitig eine fulminante Übung in Sachen „loslassen". Sie wollen Kurzgeschichten, Romane und Gedichte schreiben? Dann fangen Sie mit Grußkarten an. Wenn Sie mit zwanzig Zeilen einer bestimmten Person nichts Entscheidendes mitteilen können, dann helfen Ihnen die 70.000 Worte für die zwei Millionen Leserinnen und Leser auch nicht.

Also: Karte kaufen, schreiben, Umschlag zukleben und ab die Post!

Lesen Sie viel!

Jeder Text, den Sie lesen, wurde irgendwann einmal geschrieben. Sie können beim Lesen also viel über das Schreiben lernen und Sie würdigen die Mühe dessen, der den Text geschrieben hat.

Ich tue mich mit dem Lesen oft schwer. Lieber schreibe ich. Häufig fange ich Bücher an, die ich dann nicht fertiglese. Meist lese ich nur kurze Abschnitte in einem Buch. Wenige Seiten, dann lege ich es wieder weg. Ich rede mir ein, dass ich mich sehr intensiv mit dem Gelesenen auseinandersetze. In Wirklichkeit ist

es Ignoranz und Faulheit.
Wenn Sie sich mit Ihrem Schreiben weiterentwickeln wollen, bleibt Ihnen aber nichts anderes übrig, als sich mit fremden Texten zu beschäftigen. Sie brauchen ja neue Anregungen. Gott sei Dank habe ich einen Beruf, für den ich viel lesen muss und Kinder, die sich freuen, wenn ich ihnen vorlese. Darüber

hinaus würde ich mich freuen, wenn ich noch mehr lesen könnte, aber ich muss auch hier die zeitlichen Beschränkungen akzeptieren. Nicht überall hat man die Möglichkeit, alles so zu verändern, wie man es gerne möchte.

Beim Lesen findet eine so intensive Auseinandersetzung mit der Sichtweise und den Erkenntnissen eines anderen Menschen statt, das ist der Wahnsinn. Ich habe einen Schüler gehabt, der sagte, Lesen mache ihn regelmäßig aggressiv. Den Grund dafür hat er mir nicht genannt. Ich vermute aber, dass er die Ruhe und die Gedanken des Anderen nicht ertragen hat. Denn das ist ja wirklich anstrengend. Ich muss es aushalten, dass jemand so ganz anders ist und denkt, als ich es bin und tue. Ich habe mir mein Leben und Denken doch so eingerichtet, wie ich es gut finde und zufrieden bin. So halte ich selbst es für angemessen. Und jetzt kommt jemand daher und sieht vieles, vielleicht alles, ganz anders und ich muss Wort für Wort diese Andersheit schlucken, muss ertragen, dass Leben und Denken scheinbar auch anders funktionieren, als ich es mir immer vorgestellt habe. Aber es ist doch so:

DAS INTENSIVE LESEN EINES TEXTES, IST WIE DAS LEBEN IN EINEM FREMDEN LAND: ES IST EIN ANGRIFF AUF DIE VERKRUSTUNGEN MEINES EGOS.

Beim Lesen merke ich: So geht es auch! Mein bisheriges Denken war beschränkt. Das ist auch eine Erfahrung, die ich in Tansania machen durfte.

Die Menschen leben dort anders als ich hier in Deutschland. Beispielsweise gibt es dort, wo ich war, nur vereinzelt fließendes Wasser. Bei meiner Gastfamilie in Kabanga habe ich mich in einer Plastikschüssel gewaschen. Es war anders als zuhause, aber es ging gut. Das ist nur eines von unzähligen Beispielen. Dafür habe ich in Tansania umso mehr Herzlichkeit erfahren. Bei den Menschen, die mir begegnet sind, aber auch bei mir selbst. Mein Herz hat sich geöffnet. Ich habe viel über persönliche Beziehungen nachgedacht und bin neu zum dem Schluss gekommen, dass ich großes Glück in meinem Leben gehabt habe. Und damit meine ich nicht in erster Linie den hohen Lebensstandard, den wir in Deutschland haben. In der Ferne habe ich vielmehr angefangen, die Beziehungen, in denen ich lebe, neu zu sehen und neu zu entdecken.

Man kann ja sein Leben ganz unterschiedlich gestalten. Vieles ist einfach den Umständen geschuldet. Das erfährt man immer wieder, wenn man sich aufmerksam auf fremdem Terrain bewegt. Und nichts Anderes ist das Lesen eines Buches. Auch dort sehe ich: Der Andere hat Ähnliches oder ganz Anderes erlebt als ich selbst. Und er hat es geschafft, einen Text darüber zu schreiben. Es gibt also einen produktiven Umgang mit dem Leben, der Welt und ihren Problemen. Und so leitet mich das Lesen immer wieder zum Schreiben. „So wie dieser Autor, will ich auch schreiben können." – „Es ist ja doch möglich, dass man zum Ausdruck bringt, was einem wichtig ist." – „Diese Autorin hat es doch auch geschafft!"

Also: Wenn Sie schreiben wollen, lesen Sie. Denn schließlich wollen Sie doch auch, dass man Ihre Texte liest.

Seien Sie eine Leseratte und bringen Sie Ihr schlechtes Gewissen zum Schweigen, wenn es Ihnen Zeitverschwendung vorwirft.

Lesen Sie im Bus, im Bett, auf dem Klo, morgens, mittags, abends und dazwischen, lesen Sie Hoch- und Minderwertiges und vergessen Sie am besten diese Einteilungen. Lesen Sie, was Ihnen gefällt und was Sie herausfordert. Leihen Sie sich Bücher von Freunden und vielleicht auch von Fremden (dann werden es keine Fremden bleiben). Durchstöbern Sie Buchhandlungen und Leihbüchereien. Lesen Sie! Lesen Sie. Und, ach ja: Lesen Sie!

Bügelscham

Manchmal schäme ich mich dafür, dass ich bügle, manchmal finde ich es cool. Es kommt auch darauf an, mit wem ich mich gerade unterhalte.

Ob wir uns bei einer Tätigkeit wohlfühlen, kann damit zusammenhängen, ob wir glauben, der gesellschaftlichen Erwartung gerecht zu werden. Mich hat mal jemand gefragt, ob ich sie noch alle habe, als ich erzählte, dass ich regelmäßig bügle. Bügeln gilt in vielen Kreisen als typisch weibliche Beschäftigung. Ich finde es wichtig, dieses Denken zu überwinden.

Sich mit Wäsche zu beschäftigen, kann aber auch sehr unterhaltsam sein. Einmal habe ich in einem Waschsalon eine Frau gesehen, die Wäsche in eine Maschine steckte. So weit, so normal. Dann nahm sie das Kleid, das sie trug, in Augenschein, zog es kurzerhand über den Kopf und steckte es zur restlichen Wäsche. Ich wunderte mich und suchte verlegen nach Kleingeld für den Trockner.

Als ich für den Zivildienst nach Freiburg gezogen bin, war es mir wichtig, meiner eigenen Wäsche Herr zu werden. Meine Mutter bot mir an, sich darum zu kümmern, aber ich wollte es selbst machen. Wäschewaschen und Bügeln machen also auch selbständig.

Stehen Sie zu dem, was Sie tun.

Nur eine Kleinigkeit?

Mit einer Klasse angehender Handwerker las ich im Deutschunterricht *Die Welle* von Morton Rhue. In dem Buch zeigt ein Lehrer seiner Klasse, wie leicht es geht, seine Selbstbestimmung aufzugeben und blind einem Führer zu folgen. Ein paar Tage vor unserer Diskussion hatte es in Chemnitz einen Mord gegeben und als Reaktion darauf hatten Menschen andere Menschen durch die Straßen gejagt.

Wir redeten über die Vorfälle und über die aktuelle Situation in unserem Land. Am Ende einer an für sich sachlichen Diskussion sagte einer der Schüler: „Dann bleibt ja eigentlich nur noch eins zu sagen: Ausländer raus."

Meine Gedanken drehen sich seitdem immer wieder um den Schüler und mich. Was hat ihn dazu bewogen, so etwas zu sagen und habe ich in der Situation angemessen reagiert? Vielleicht hat er es völlig ernst gemeint. Vielleicht hat er in der Eile auch nicht die richtigen Worte gefunden, um all seine Gedanken, Gefühle, Befürchtungen und Hoffnungen angemessen auf den Punkt zu bringen. Obendrein kaschierte er seine Aussage als schlechtgemeinten Witz, fast so, als würde er sich selbst nicht ernstnehmen.

Dennoch: Es geht bei der Parole „Ausländer raus" nicht um eine Frage des guten Geschmacks. Es ist ein Aufruf, der nicht bloß ausgrenzt, nein, er ruft vielmehr zum aktiven Ausschluss, gar zum aggressiven Verjagen aus der Gemeinschaft auf. Dieses Ausschließen kann vielfältig aussehen: Sticheleien am Arbeitsplatz oder in der Schule, Boykott einzelner Geschäfte, reale oder mediale Hetzjagden, bis hin zur organisierten Forcierung einer rigorosen Abschiebepolitik.

Ich habe den Schüler deutlich in die Schranken gewiesen und er hat Ärger bekommen. Doch habe ich dadurch erreicht, was mir wichtig ist?

ICH WILL, DASS UNSERE KINDER FRIEDLICH AUFWACHSEN KÖNNEN UND EINE GESELLSCHAFT, DIE UNWIDERSPROCHEN DIE OBEN ZITIERTEN WORTE ZULÄSST, SCHEINT MIR NICHT GEEIGNET ZU SEIN, DIESEN FRIEDEN DAUERHAFT ZU GEWÄHRLEISTEN.

Aber was ist mit den Menschen, die die Hetzjagden durch Chemnitz durchgeführt und vielleicht sogar organisiert haben? Sie haben großen Anteil daran, dass extremistisch motivierte Gewalt unsere Gesellschaft immer wieder erschüttert. Und welche Rolle spielte der damalige Präsident des Bundesamts für Verfassungsschutz, Hans-Georg Maaßen? Er streute kurz nach den Ereignissen in Chemnitz

Zweifel an der Wahrhaftigkeit der Berichterstattung, indem er behauptete, die Nachrichten von den Hetzjagden seien gezielte Fehlinformationen. Durch diese Aussage hat er die Medien diskreditiert und außerdem rechtsextrem gesinnten Bürgerinnen und Bürgern die Möglichkeit eröffnet, die Hetzjagden öffentlich zu leugnen und sich dabei auf einen ranghohen Beamten zu berufen.

Hans-Georg Maaßen ist dann wegbefördert worden. Bei meiner Recherche zu dem Text wurde ich allerdings darauf aufmerksam, dass es auf der Website der CDU/CSU-Fraktion einen Eintrag gab, der Hans-Georg Maaßen immer noch als aktuellen Präsidenten des Bundesamtes für Verfassungsschutz darstellte. Diese Seite ließ sich leicht finden, wenn man „Hans-Georg Maaßen“ bei Google eingab. Das hat mich geärgert und gewundert, weil Maaßen öffentlich mit rechten Strömungen sympathisierte und die CDU in die rechte Ecke rücken wollte. Ich habe dann über das Kontaktformular der CDU-Seite auf diesen Missstand hingewiesen. Zunächst ist nichts passiert. Dann habe ich die gleiche Nachricht nochmal an die Pressestelle der CDU/CSU und an die Fraktion selbst geschickt. Und siehe da! Mit einem Mal war die Seite nicht mehr zu erreichen.

Weshalb rolle ich das hier so aus?

Es freut mich einfach, dass mein Engagement etwas verändert hat. Auch wenn es nur eine Kleinigkeit ist, zeigt es mir, dass Kritik, auch von einem „Ottonormalverbraucher“ wie mir, etwas bewirken kann.

Seien Sie aufmerksam und nutzen Sie Ihre Schreibfähigkeit, um auf Missstände hinzuweisen. Selbst wenn es sich nur um Kleinigkeiten handelt, können sie größere Veränderungen nach sich ziehen. Schreiben Sie aber nur über eine Sache, die Sie wirklich beschäftigt und nicht, um sich selbst in den Mittelpunkt zu stellen.

Literarische Figuren II

Betrachten Sie vor ihrem inneren Schriftstellerauge einen Menschen, den Sie einigermaßen gut kennen. Es reicht, wenn Sie den Namen und fünf bis sechs seiner Eigenschaften kennen.

Vielleicht denken Sie an einen Peter, der sportlich ist, als Lehrer arbeitet, gut singen kann, hilfsbereit ist und verschiedene Sprachen beherrscht. Suchen Sie sich für Peter zunächst einen neuen Namen. Nicht, weil der Name nicht schön wäre, sondern einfach, weil Sie ja eine fiktive Figur entwickeln und nicht eine Geschichte über ihren Freund Peter schreiben wollen. Der neue Name ist zunächst völlig egal, den können Sie später noch ändern. Nennen Sie ihn zum Beispiel Tom und schreiben Sie dann eine Geschichte, wie Tom am Frühstückstisch sitzt und ihm auffällt, dass für seinen Kaffee keine Milch mehr da ist. Dabei werden Sie feststellen, ob Tom allein lebt oder mit anderen Menschen zusammen. Und vor allem: Wie reagiert er auf die fehlende Milch? Vielleicht trinkt er einfach etwas Anderes. Oder er ist ungehalten und deutet das Missgeschick als schlechtes Omen für den kommenden Tag. Dann wäre er außerdem noch ein wenig abergläubisch. Wenn Sie diese Episode beschrieben haben, können Sie Ihre Arbeit ruhen lassen und zufrieden sein.

Am nächsten Tag lesen Sie sich die Frühstücksepisode noch einmal durch, überarbeiten sie geringfügig und schreiben dann, wie Tom auf die Arbeit fährt. Zunächst werden Sie versuchen, sich vorzustellen, wie ihr Freund Peter auf die Arbeit fährt. Aber spätestens an der dritten Ampel stellt Tom einen anderen Radiosender an oder legt eine CD ein, die Peter gar nicht besitzt. Tom erhält ein Eigenleben. Wenn er auf der Arbeit angekommen ist, wissen Sie, worüber er sich Gedanken macht, wenn er alleine ist, worauf er sich freut und wovor er Angst

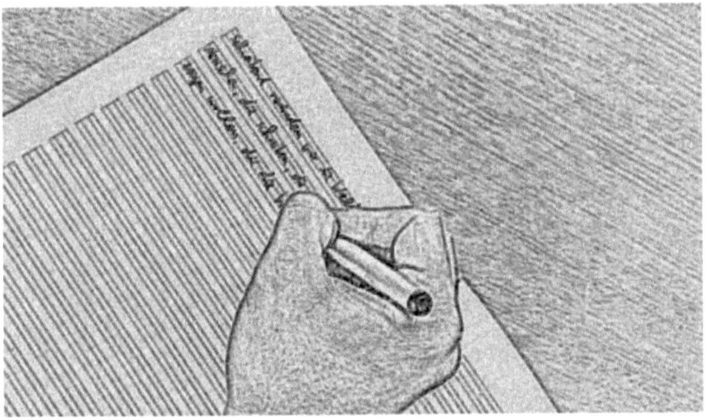

hat. Wenn Sie das geschrieben haben, verabschieden Sie sich von Tom und machen etwas Anderes.

Am nächsten Tag sollten Sie während einer Alltagstätigkeit einmal innehalten und sich vorstellen, wie Tom sie wohl verrichten würde. Würde er es lieben, den Rasen zu mähen oder darüber schimpfen? Wie würde er in dem Gespräch, das Sie gerade führen, agieren? Würde er seinem Gegenüber plump die Wahrheit vor den Latz knallen? „Sie nerven mich schon lange, Herr Nachbar, lassen Sie mich endlich in Ruhe." Oder würde er die unerträglichsten Nazi-Parolen noch gutheißen, nur damit der Arbeitskollege ihn leiden kann? Wenn Sie Tom den Tag über ein wenig beobachtet haben, dann machen Sie sich wieder ans Schreiben: Hinsetzen, Text von gestern überarbeiten, weiterschreiben. Lassen Sie Tom laufen. Wo würde er hingehen, wenn er alle Freiheiten und Möglichkeiten hätte? Lassen Sie ihn Poker spielen mit Stefan Raab oder Tiefseetauchen in der Südsee. Vielleicht besucht er aber auch seinen toten Großvater und fragt ihn, ob er es traurig findet, seinen Enkel niemals kennengelernt zu haben. Ihrer Fantasie und Toms Leben sind keine Grenzen gesetzt.

Erwecken Sie eine Figur zum Leben. Und verbringen Sie viel Zeit mit ihr…

Aus meinem Tagebuch

Wie schon erwähnt, schreibe ich Tagebuch. Die folgenden Einträge habe ich rund um die Veröffentlichung meines ersten Buches verfasst.

Vier Tage vor der Veröffentlichung
Mittwoch will ich meinen Text veröffentlichen. Es kommt mir gerade ewig weit weg vor, als müsste das ein anderer Mensch, in einem anderen Leben für mich machen.

Ein Buch schreiben ist wie ein Heizungssystem reparieren: Es spritzt, bleibt viel liegen, ist aufregend und wenn alles klappt, ist es nachher wärmer als vorher. Denn das Heizungssystem ist wie ein Herz, das Herz des Hauses, es versorgt das ganze Haus mit Wärme, ist deswegen, vor allem in der kalten Jahreszeit, lebenswichtig.

Mittwoch will ich mit meinem Text in die Öffentlichkeit treten. Ich bin aufgeregt. Denke immer noch, dass ich mit allem scheitern kann. Es fällt mir schwer, konkret zu schreiben. Ich habe Angst, dass niemand meinen Text kauft. Ich habe Angst, dass sich einfach nichts ändert.

Drei Tage vorher
Mittwoch will ich mein Buch veröffentlichen. Es fällt mir schwer, diesen Schritt realistisch einzustufen. Manchmal denke ich, es könnte mein ganzes Leben

verändern, ich würde ständig Lesungen halten und richtig Geld verdienen. Dann denke ich wieder, es wird nichts verändern.

Am Tag der Veröffentlichung

Jetzt habe ich mich so auf diesen Tag gefreut und jetzt habe ich es nicht mehr in der Hand, ob ich heute mein Buch veröffentliche. Es ist ein widerspenstiges Ding, das Glück, zu schreiben.

Heute habe ich mein Buch veröffentlicht, jeder kann es jetzt lesen, mit allen Rechtschreibfehlern, mit allen Kommafehlern, mein Denken, mein Fühlen ist in diesem Buch, in dem die Seitenränder bestimmt völlig unprofessionell wirken. Ich bin gespannt, wohin mich das Schreiben nun hintreibt und auch das Vorlesen des Geschriebenen.

Ein Tag nach der Veröffentlichung

Habe mich aus dem Bett geschält und mein Leben in die Hand genommen, ich dachte, dort gehört es hin. Wohin ich mit ihm jetzt gehe, weiß ich noch nicht, aber hier bleiben werde ich nicht. Atmen wie Schreiben, bis keine Tinte mehr in der Lunge ist. Welten finden in der Sprache. Plötzlich öffnen sich Worte, als wäre ich jetzt ein Neuer, irgendwie vertrauenserweckender. Ich mochte die Worte schon immer, habe mit ihnen gespielt, angebandelt, geprahlt, war verschwenderisch, aber sie öffnen sich mir erst jetzt so langsam, als wären sie scheue Vögel, die, wenn man sich ihnen ungebührend nähert, auf-

und davonflattern, weil sie sich und das Leben schützen müssen.

Zwei Tage danach
Ich bin sehr glücklich an diesem kalten Morgen. Die Vögel zwitschern. Die Sonne scheint. Und irgendwo da draußen wird mein Buch für den Weg in den Buchhandel vorbereitet.

Eigentlich kann ich an nichts Anderes mehr denken als daran, dass ich mein Buch veröffentlicht habe.

Jetzt bin ich sehr glücklich, freue mich gerade auf mein nächstes Schreibprojekt, wenngleich ich mich jetzt noch nicht bereit fühle, es anzupacken. Nichts fasst mich an, bin viel zu beherrscht, schaffe es nicht, mich zu öffnen, mich zu lösen von meinen Vorstellungen und einfach spontan und frei in der Welt zu stehen. Ja, vor allem vor der Freiheit habe ich Angst, davor, einfach zu handeln, ohne mich nach anderen auszurichten.

Vier Tage danach
Ich achte beim Schreiben gerade viel zu sehr auf meinen Ausdruck. Schreibe wie gedruckt. Lüge wie gedruckt? Ich komme mir ehrlich vor, in Kontakt mit mir selbst.

Ich kann das Leben nicht festhalten. Gutes und Schlechtes passiert und ich kann es nicht festhalten oder aufhalten in all seiner Intensität. Ich spüre den leichten Druck in meinem Kopf, finde keine Position, in der ich bequem schreiben kann. Was soll das sein, wenn das Ich sich auflöst?

Vielleicht bin ich nicht geschaffen für die Kunst, die ich schaffen will.

Die schwarze Aktentasche, der Rucksack, der schon in Tansania war und die Kiste. Ob die Bücher noch drin sind? Vielleicht sind Findelkinder drin und ich habe das mit dem Buch nur geträumt. Das wäre schön, dann wäre all die Verantwortung, der Druck auch nur geträumt.

Ich kann nicht weinen, weil ein Klamottenberg auf meiner Seele liegt. Das ist ein wahrer Satz. Vier Körbe ungebügelter Wäsche liegen auf ihr und die Angst zu scheitern.

Habe lange nicht mit Farben gemalt. Wer soll mich aufhalten, wenn die Verkrustungen sich lösen und ich zu zerfließen drohe? Das Leben selbst, ein Kanarienvogel, selbst unser Einkaufskorb könnte es. Mein Ich läge dann im Einkaufskorb und das Leben wäre endlich frei. Viel zu lange schon klammere ich mich viel zu ängstlich, überhaupt ängstlich an mein Ich, an das bisschen Leben, von dem ich meine, man habe es mir am 26.10.1984 anvertraut, es zu bewahren, einzugraben und vergehen zu lassen.

Zwölf Tage danach

Schreiben über meine Träume. Meinen bisher größten Traum habe ich mir vor zwölf Tagen erfüllt. Ich habe ein Buch veröffentlicht.

Scheuen Sie sich nicht davor, Texte von Ihnen zu veröffentlichen. Es ist toll und die Möglichkeiten sind vielfältig: Gerade Selfpublishing-Portale machen es einem unendlich einfach, die eigenen Texte in Buchform zu bringen. Darüber hinaus bietet das Internet kostenlose Blogs, Soziale Medien oder eine eigene Website. So können Sie Ihr Geschriebenes anderen zugänglich machen. Auch Schreibwettbewerbe und Tageszeitungen sind tolle Chancen, mit den eigenen Produkten in die Öffentlichkeit zu treten. Machen Sie sich mit den unterschiedlichen Wegen der Veröffentlichung vertraut und haben Sie den Mut, diesen Schritt zu gehen.

Schreibblockaden

Bügeln hilft ausgezeichnet gegen Schreibblockaden. Nehmen Sie einen Korb voll Wäsche und ein leeres Blatt und einen Stift oder ihren PC. Schreiben Sie nach jedem gebügelten Teil einen Satz. Nicht mehr. Am Ende des Nachmittags wird der Bügelkorb leer, die Seite aber voll sein und ihr Kopf vor Ideen übersprudeln.

Allerdings muss nicht jede Idee gleich umgesetzt werden. Manche weisen uns auch nur freundlich den Weg, wohin es mit uns gehen kann.

Kontrollverlust

Das Leben vieler Menschen ist an unterschiedlichen Stellen ins Schlingern geraten. Trennungen, zahlreiche Umzüge, verstorbene Elternteile, Krankheiten oder Unfälle kommen in vielen Lebensgeschichten vor. Wenn wir Geschichten über Erlebtes erzählen und schreiben, können wir loslassen, einen neuen Blick auf unser Leben gewinnen und uns dadurch neue Gestaltungsspielräume eröffnen.

Vielleicht spüren Sie das Bedürfnis, Ihre Geschichte erzählen zu wollen. Sie wollen verstanden werden, wollen sich erklären. Vielleicht hat man Sie ihr Leben lang in eine Schublade gesteckt, hat Sie abgestempelt und war froh, dass man sich nicht mit Ihnen auseinandersetzen musste.

Geschichtenschreiben ist zwar kein Allheilmittel. Es schützt uns nicht vor Schicksalsschlägen. Aber es lässt uns Schocks oder Demütigungen auf Papier bannen und sie verlieren dabei ihre Wucht. Das Papier fängt sie auf. Und ich kann meine Geschichten verändern, wenn ich sie aufschreibe. Nicht alles weiß ich im Detail. Vielleicht erinnere ich mich auch nicht. Vielleicht habe ich manches verdrängt. Beim Schreiben gebe ich all dem eine Struktur, einen Sinn, fülle Lücken, erfinde dazu. Was ich zu Papier bringen kann, habe ich im Griff und nicht andersherum. Ich löse mich aus dem Griff des Schicksals und beginne damit, es selbst zu gestalten.

Es geht darum, das loszuwerden, was man erlebt hat, dem Raum zu geben und zu erfahren, dass es einen beim Erzählen und Schreiben nicht erneut aus der Bahn wirft, sondern dass man ruhig sitzenbleiben kann, während die Buchstaben aufs Papier fließen.

ICH DENKE, DASS ES AUF DEN MUT ANKOMMT, DEM ERZÄHLEN UND SCHREIBEN IN UNSEREM LEBEN RAUM ZU GEBEN.

Natürlich kann es auch vorkommen, dass einem eine Geschichte um die Ohren fliegt und man anfängt zu schreien, zu weinen oder in ein tiefes Schweigen fällt. Vielleicht sollte man sich dann professionelle Hilfe holen, um mit dem Erlebten klarzukommen. Eine Therapie, eine Kur oder ein stationärer Aufenthalt in einer psychiatrischen Einrichtung sind Möglichkeiten, die uns helfen können, aus Krisen herauszukommen. Nutzen Sie diese Angebote.

Und schreiben Sie weiter.

Das Geschriebene kann vorgelesen, veröffentlicht, verbrannt, verschenkt, versteckt, überarbeitet, umgeschrieben werden. Wir können und sollen selbst herausfinden, wie es mit unseren Geschichten weitergeht. Es ist hilfreich, für das sensibel sein, was in unseren Geschichten zum Vorschein kommt. Wenn wir uns öffnen, können Signale gesendet werden, die auf Enttäuschungen, Wut und unterdrückte Traurigkeit hinweisen.

Aber natürlich dürfen wir uns auch über die Anerkennung und die Aufmerksamkeit freuen, die uns durch das Schreiben zuteilwird. Wir dürfen froh sein, so einer schönen Beschäftigung nachzugehen.

Lesen Sie sich aufmerksam durch, was Sie bisher alles geschrieben haben. Welche Themen beschäftigen Sie immer wieder? Wo brauchen Sie Hilfe, weil Sie allein nicht vorankommen? Was haben Sie alles Schönes erlebt, gedacht, gefühlt? Bleiben Sie aber bei dem Geschriebenen nicht stehen. Nutzen Sie Passagen, die Ihnen besonders gefallen, und verarbeiten Sie sie zu neuen Texten.

Noch mehr Verbindungen

Vielleicht ist es Ihr Traum, ein eigenes Auto zu bauen, Sie haben aber weder die geeigneten Werkzeuge noch eine Scheune, in der sie am Wochenende ungestört schrauben können. Außerdem arbeiten Sie als Fliesenleger und haben bislang gar keine Ahnung von Bremszügen, Gaspedalen und Lenkrädern. Aber der Traum hat sich nun mal in Ihnen eingenistet. Von Kindesbeinen an. Dann legen sie noch zwei Platten und kaufen sich anschließend einen Baukasten, mit dem man ein Modellauto bauen kann. Oder Sie holen das Lego Ihres Sohnes vom Speicher und konstruieren damit verschiedene Fahrzeuge.

FANGEN SIE KLEIN AN, ABER GEBEN SIE IHREN GROSSEN TRAUM NICHT AUF.

Bleiben Sie mit ihrem Traum in Kontakt. Vielleicht sind Sie 85 und Ihnen fällt auf, dass Sie immer wieder von der Mondlandung träumen. Dann stellen Sie sich einen Wecker und beobachten Sie Ihren Freund, wenn er majestätisch die Nacht regiert. Schreiben Sie Mails an die NASA, in denen Sie Ihre drängendsten Fragen, den Erdtrabanten betreffend, formulieren.

Und nicht zuletzt: Schreiben Sie, wie Sie ihren Fuß auf den Mond setzen. Schreiben Sie von den langwierigen Vorbereitungen, den Auswahlprogrammen, dem Schwerelosigkeitstraining. Nur tun Sie eins nicht: Sich schimpfen, für den törichten Traum, als 85jähriger auf den Mond fliegen zu wollen.

Mein Traum, Schriftsteller zu werden, ließ sich nicht erfüllen, weil das Bügeln mich vom Schreiben abhielt. Also legte ich mein Notizheft neben das Bügelbrett und schrieb alles auf, was mir beim Bügeln einfiel. Dann schrieb ich ein Buch übers Bügeln und Schreiben. Ich habe die äußersten Enden meines Lebens miteinander verbunden. Wir können das, was scheinbar am weitesten auseinander liegt, nehmen und verknoten.

Vielleicht träumen Sie davon, dass alle Menschen Brüder werden. Dann fangen Sie an, klären Sie die Konflikte in Ihnen und Ihrem Umfeld. Und Schritt eins auf diesem Weg ist, dass Sie in ihrem Leben zusammenführen, was scheinbar unvereinbar ist. Vielleicht spüren Sie immer wieder Aggressionen in sich, lieben aber die Harmonie. Dann nehmen Sie diese beiden Enden und verbinden Sie sie miteinander. Schreiben Sie über größtmögliche Konflikte und erleben Sie, wie alles sich in Wohlgefallen auflöst. Lassen Sie Ihre Träume zu und ärgern Sie sich nicht, dass Sie unvernünftig sind. Das ist ja das Schönste an Träumen.

Wenn Sie die entlegensten Ecken Ihres Lebens kennen, dann machen Sie Figuren daraus. Und dann schreiben Sie eine (kurze) Geschichte, in der Sie das scheinbar Unvereinbare miteinander verbinden. Zum Beispiel könnte der verantwortungsbewusste Fliesenleger auf den abenteuerlustigen Autoschrauber treffen. Oder der vor Vitalität strotzende Astronaut besucht einen alten, im Sterben liegenden Menschen. Sie wissen ja: Ihrer Fantasie sind nicht die Grenzen Ihres Lebens gesetzt.

Berge versetzen

Wenn das Leben zu viel von mir will oder ich vom Leben, dann kann ich nicht schreiben. Dann muss ich mich in eine Art Zwischenraum flüchten, in dem Erfolg und Produktivität nicht allzu viel zählen, dafür Kreativität und Ehrlichkeit umso mehr. Während ich schreibe, höre ich, wie der Mann, der die Zeitung bringt, mit seinem Roller angefahren kommt. Vielleicht aber auch nicht. In diesem Zwischenraum ist alles möglich, prinzipiell also auch nicht mehr als in echt, aber alles ist wahrscheinlicher. Kryptisches, abstraktes Schreiben bringt mich nicht weiter, weil außer mir selbst das niemand versteht. Deshalb ist es manchmal gut, konkrete Geschichten zu erzählen. Oft fällt es mir leichter, im Uneigentlichen das zum Ausdruck zu bringen, was ich eigentlich sagen will.

MEINE GEDANKEN SIND SPRUNGHAFT, ALLERDINGS IST DAS DAS WESENSMERKMAL ALLER GEDANKEN.

Das Bügeln steht für alle regelmäßigen Tätigkeiten, deren Ausübung mir Halt geben. Leider vernachlässige ich das im Alltag allzu leicht. Schreiben ist, Gott sei Dank, auch eine regelmäßige

Tätigkeit für mich. Es ist eine schöne Vorstellung, dass ich mit allem, was ich schreibe und tue, geliebt bin.

Als ich mit *Wir nennen es träumen* in einer schwierigen Phase war und mit dem Schreiben, bzw. Überarbeiten nicht vorankam, sprach ich mit einem Freund darüber. Ich sagte zu ihm: „Ich weiß nicht genau, ob ich es schaffen kann, mein Schreibprojekt fertigzustellen." Er guckte mich groß an und fragte: „Wie meinst du das?" – „Na, ich weiß nicht, ob ich schon gut genug bin, das auszudrücken, was mir wichtig ist oder ob ich mich mit dem Projekt übernommen habe." Er antwortete: „Also geht es eigentlich darum, ob du es genug willst." Ich war von dieser Antwort zunächst sehr überrascht, mittlerweile weiß ich, er hatte Recht, in Bezug auf mein Schreiben.

Das, was wir wollen, ist oft auch erreichbar und umsetzbar. Wenn es uns nicht gelingt, den vor uns liegenden Berg zu versetzen, dann liegt das nicht immer an unserer mangelnden Kraft, sondern allzu oft daran, dass wir es nicht genügend wollen.

Als ich Zivildienst gemacht habe, hatte ich eine sehr genaue Vorstellung davon, was ich mir unter dem Wort „Gott" vorzustellen habe. Als ich mich mit einem anderen Zivildienstleistenden über dieses Thema unterhielt, sagte er: „Der einzige Glaube, den ich habe, ist der Glaube an meine eigene Kraft." Damals schien mir das ein krasser Widerspruch zu meinem eigenen Glauben an einen allmächtigen Weltenherrscher zu sein. Heute erahne ich, dass der

Glaube an einen allmächtigen Gott und der Glaube an die eigene Kraft das Gleiche sind und wenn es heißt, „Euer Glaube wird Berge versetzen", bedeutet das, dass ich den Mut haben muss, so etwas Unwahrscheinliches für wahrscheinlich zu halten.

Menschen, die vollkommen in prekäre Arbeitsverhältnisse eingespannt sind, haben oft nicht die Kraft und den Mut sich trotz der vor ihnen auftürmenden Berge, aufzurichten. Deshalb bedarf es der Solidarität derer, die in ihrem Beruf mehr Luft haben, sich für andere einzusetzen.

Was ist mit denen, die auf ihrer Arbeit nur ausgenutzt werden? Solche Arbeitsplätze unterliegen ja auch Gesetzen. Wir müssen darauf drängen, dass diese Gesetze eingehalten werden, in der Hoffnung, dass die Ausnutzung ein Ende findet und die Menschen wieder anfangen können, sich als Menschen zu fühlen.

Bügelnd kann ich Berge versetzen, nämlich Wäscheberge. Schreibend kann ich Berge versetzen, nämlich die Berge in meinen Geschichten. Und ich glaube ganz fest, dass alles, was sich in meinen Geschichten abspielt, auch Auswirkungen auf mein wirkliches Leben hat, mindestens, indem es meinen Glauben, wie das Leben sein kann, verändert und erweitert.

Epilog

Immer wieder denke ich, dass es eigentlich Quatsch ist, dieses Buch zu schreiben, da ich selbst erst eine Erzählung im Eigenverlag veröffentlicht habe und gerade wieder einmal vier Körbe ungebügelter Wäsche stehen habe.

Ich mache es trotzdem, weil es mir Spaß macht und weil ich glaube, dass es Menschen gibt, denen ich mit diesem Buch helfen kann, mit dem Schreiben anzufangen oder es zu vertiefen.

Jeden Tag wache ich aufgeregt auf und freue mich, dass ich dabei bin, mein zweites Buch fertigzumachen. Genieße es, dass ich von keinem Verlag abhängig bin, wenngleich ich gerne einen hätte. Denke eigentlich an nichts anderes mehr und versuche, mein Buch jeden Tag ein kleines bisschen besser zu machen. Das Schlimmste am Schreiben ist eigentlich, wenn man nicht schreibt.

Aber ich merke, dass ich beim Überarbeiten meines Textes die Selbstzweifel zum Verstummen bringe, weil sie mir in Form konkreter Probleme begegnen, die ich angehen und lösen kann. Und schließlich ist es das Veröffentlichen und Darstellen des Geschriebenen, was die Kreativität befreit vom Muff des eigenen Denkstübchens. Indem ich schreibe, wie ich mich selbst sehe, verabschiede ich mich von diesem Bild. Die Arbeit des Großwerdens und Freiboxens kann niemandem abgenommen werden.

Für die einen sieht es nach Zeitverschwendung aus; für die anderen ist es die Suche nach Anerkennung; ich mache es, weil ich es mache.

Jetzt merke ich aber, dass ich aus diesem Schreibprojekt auch wieder auftauchen muss, um mich um mein restliches Leben zu kümmern: Einkaufen, Aufräumen, Bügeln, zuverlässig sein, nicht mit dem Kopf in den Wolken hängen, Lachen, Witze machen und vieles mehr.

Quellen

Doris Dörrie: Leben Schreiben Atmen. Zürich 2019.

Louise Doughty: Roman in einem Jahr. Berlin 2015.

Theodor Fontane: Frau Jenny Treibel. Berlin 1893.

Natalie Goldberg: Schreiben in Cafés. Berlin 2017.

Stephen King: Über das Leben und das Schreiben. Berlin München 2000.

Leo Lionni: Frederick. Weinheim 1967.

Thomas Mann: Tonio Kröger. Berlin 1903.

Orhan Pamuk: Schnee. Berlin 2007.

Morton Rhue: Die Welle. Ravensburg 1984.

Andreas Steinhöfel: Defender. Hamburg 2004.

Mitten durch Windhoek irrlichtert der Alleinreisende Karl, ein schrulliger Rentner aus Deutschland, der gar nicht so richtig weiß, was er hier soll. Bis er dem jungen Namibier Timmy begegnet, der seine frühe Kindheit in Deutschland verbracht hat…

Marco Mahler, geboren und aufwachsend in der mittelhessischen Provinz, besitzt seltsamerweise ein Maschinenbau-Diplom. Seine Freizeit verbringt er mit seriösen Dingen wie Beobachten, Staunen, Geschichtenerzählen und Theatermachen. 2016 veröffentlichte er seinen ersten Roman *Kuckucksland*.

marcomahler.de

Der Hoteleigentümer Hans Ewald verschwindet eines Tages spurlos. Sein früherer Freund und Kompagnon Felix Mandel übernimmt zusammen mit Mia, der Nichte des Verschwundenen, das Hotel. Gemeinsam begeben sie sich auf eine Reise in die Vergangenheit. Schnell stellen sie fest, dass etwas nicht stimmt: Entweder mit Hans oder mit dem Hotel.

David Hermann wurde 1985 in Gießen geboren. Er studierte Mathematik und Physik und arbeitet seit 2010 als Lehrer an einer Gesamtschule. Zu seinen literarischen Vorbildern zählt er neben Autoren wie Michael Crichton und Stephen King auch den Komiker Heinz Erhard und den Videospielentwickler Sam Lake.

david-schreibt.de

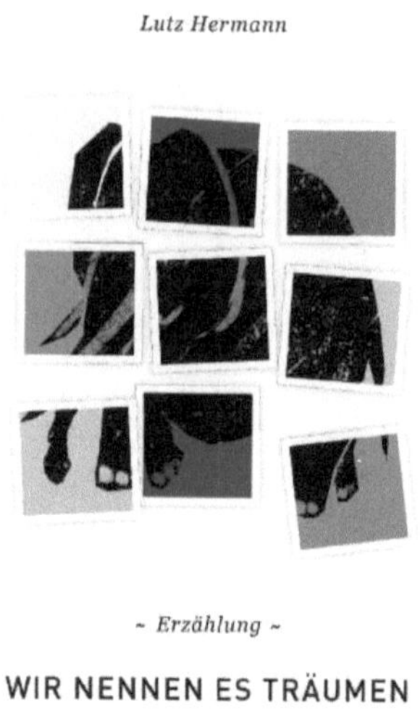

Wir nennen es träumen ist das erste Buch, das ich veröffentlicht habe. Es handelt von Cem und Malik, zwei Brüdern, die nicht zueinander finden, obwohl sie es wollen. Vielleicht handelt es aber auch davon, dass alles irgendwie miteinander verbunden ist. Es handelt vom Tod. Aber natürlich handelt es auch vom Leben.

Lutz Hermann, geboren in Marburg, studierte Germanistik und Theologie. Sein erstes Buch *Wir nennen es träumen* veröffentlichte er im Selbstverlag. Er unterrichtet an einer Berufsschule und lebt in Mittelhessen.

hermann-schreibt.de

Platz für Notizen